글 **김민수**

전라북도 순창에서 태어나 중앙대학교 문예창작학과를 졸업하고,
같은 학교 대학원에서 문학박사 학위를 받았습니다.
현재 중앙대학교에서 겸임교수로 문학을 강의하고 있습니다.
문학 평론과 《처음으로 만나는 삼국지》, 《장준하》 등 어린이를 위한 책을 썼습니다.

그림 **이현세**

1982년 《공포의 외인구단》으로 '이현세 붐'을 일으킨 우리나라 만화계의 거장입니다.
《지옥의 링》, 《남벌》, 《아마게돈》, 《천국의 신화》 등 많은 대작을 그렸습니다.
최근에는 《만화 한국사 바로 보기》, 《만화 세계사 넓게 보기》 등으로
어린이 학습만화의 새 지평을 열고 있습니다.
현재 세종대학교 만화애니메이션학과 교수로 학생들을 가르치고 있습니다.

일러두기

- 이 책에 나오는 그리스어와 라틴어로 된 신의 이름, 인명, 지명 등은 《표준국어대사전》 외래어 표기법과 용례에 따라 'y'의 발음을 '위'가 아니라 '이'로 적었습니다. 하나의 예로, Olympos는 '올륌포스'가 아니라 '올림포스'로 표기했습니다.

- 이 책은 다음의 원전을 바탕으로 어린이 독자에 맞게 엮었습니다.
  호메로스(서기전 800~750년 무렵 활동), 《일리아드》와 《오디세이》
  아이스킬로스(서기전 525~456년), 《아가멤논》, 《결박된 프로메테우스》 외 다수
  소포클레스(서기전 496~406년), 《오이디푸스 왕》, 《엘렉트라》 외 다수
  에우리피데스(서기전 484~406년), 《메데이아》, 《헬레네》 외 다수
  헤시오도스(서기전 700년 무렵 활동), 《신통기(신들의 계보)》와 《노동과 나날》
  아폴로도로스(서기전 180년 무렵~서기전 120년 이후), 《원전으로 읽는 그리스 신화》
  베르길리우스(서기전 70~서기전 19년), 《아이네이스》
  오비디우스(서기전 43~서기후 17년), 《변신 이야기》
  토머스 벌핀치(1796~1867년), 《그리스 로마 신화》

이현세 그림

처음으로 만나는
그리스 로마 신화

신들의 전성시대 **2**

등장하는 신과 인간

헤르메스
신들의 전령으로 특히 제우스의 심부름을 담당했다. 꾀가 많고 붙임성이 좋아 신들의 사랑을 받는다.

디오니소스
포도주를 처음으로 만든 술의 신으로 화로의 여신 헤스티아 대신 올림포스 열두 신의 자리에 오른다.

헤라
가정과 결혼을 수호하는 여신. 남편 제우스가 바람 핀 상대나 그 자식들을 괴롭힌다.

아르테미스
사냥과 숲, 순결의 여신. 사냥을 좋아해서 올림포스보다 주로 땅 위에서 지낸다. 연인 오리온을 잃은 뒤로 처녀 신으로 산다.

제우스
하늘을 다스리는 신들의 왕. 이오와 에우로페 등 수많은 여인과의 사이에서 아이를 얻는다.

포세이돈
바다의 신. 세상의 모든 물을 다스리며 삼지창으로 해일과 지진을 일으킨다.

데메테르
곡식과 농사의 여신. 곡식을 가꾸고 수확하는 일을 맡아 널리 인간들의 숭배를 받는다.

아테나
지혜와 전쟁의 여신이자 영웅들의 수호신. 수놓는 솜씨도 뛰어나다. 아테네 땅을 차지하기 위해 포세이돈과 대결을 벌인다.

아프로디테
사랑과 미의 여신. 외모가 뛰어나게 아름다우며 신과 인간들을 사랑에 빠지게 한다.

헤파이스토스
불과 대장간의 신. 불을 다루는 솜씨와 손재간이 뛰어나 신들의 여러 도구들을 만들어 준다.

아폴론
태양·음악·예언의 신. 활 솜씨와 악기 연주가 뛰어나며 탁월한 예지력으로 사람들에게 신탁을 내린다.

아레스
싸움을 부추기고 즐기는 전쟁의 신. 제우스의 명을 어기고 트로이 전쟁에 참가했다가 큰 부상을 입는다.

하데스
지하 세계의 왕.
엄격한 법을 세워
지하 세계를 다스린다.

페르세포네
제우스와 곡식의 여신인
데메테르의 딸.
하데스에게 납치되어
지하 세계의 여왕이 된다.

아라크네
수를 잘 놓기로 이름난
리디아 여인. 아테나 여신과
수놓는 솜씨를 겨룬다.

레토
아폴론과 아르테미스
쌍둥이 신의 어머니.
헤라 여신의 방해로
출산에 어려움을 겪는다.

마르시아스
반은 사람이고 반은
산양의 모습인 사티로스.
피리 솜씨가 뛰어나
아폴론과 연주를 겨룬다.

악타이온
카드모스 왕의 손자.
아르테미스의 알몸을
우연히 봤다가
수사슴이 된다.

테티스
바다의 여신. 헤라에게
버림받은 헤파이스토스를
데려다 기른다.

오리온
히리아의 왕자로 태어난
거인 사냥꾼. 죽은 뒤에
하늘의 별이 된다.

세멜레
테베의 공주. 제우스와의
사이에서 디오니소스를
잉태한다.

이오
헤라 여신을 섬기는 신녀.
제우스의 눈에 들어
암소가 되고 헤라에게
모진 괴롭힘을 당한다.

카드모스
테베 왕국의 건설자. 누이
에우로페를 찾아다니다가
신탁을 받고 보이오티아
땅으로 향한다.

에우로페
시돈 왕국의 공주. 황소로
변한 제우스에게 납치되어
크레타 섬으로 간다.

차 례

- 등장하는 신과 인간

1장 지하의 여왕이 된 페르세포네 6
신화 갤러리 | 스틱스 강이 흐르는 저승 세계

2장 지혜의 여신 아테나 26
신화 갤러리 | 신에게 도전한 인간들

3장 아폴론의 탄생과 활약 42
신화 갤러리 | 신탁, 신에게 앞날을 묻다

4장 숲 속의 처녀 신 아르테미스 72
신화 갤러리 | 신화에서 나와 하늘의 별이 되다

5장 꾀 많은 전령 신 헤르메스 92
신화 갤러리 | 신들의 이름을 딴 태양계 행성

6장 불의 신과 전쟁의 신 110
신화 갤러리 | 인간적인, 너무도 인간적인 신

7장 암소로 변한 이오 136
신화 갤러리 | 오비디우스의 《변신 이야기》

8장 에우로페와 카드모스의 시련 154
신화 갤러리 | 상표에 신화가 살아 있다!

9장 두 번 태어난 디오니소스 174
신화 갤러리 | 연극을 탄생시킨 디오니소스 축제

- 신들의 이름 비교
- 신과 인간의 계보

[1장]
지하의 여왕이 된 페르세포네

"구르르, 구르르릉……."

검은 하늘을 울리는 소리에 지하 세계의 왕인 하데스의 얼굴이 근심으로 어두워집니다. 지하 세계를 덮고 있는 대지가 갈라지기라도 하려는 듯 며칠째 불길한 소리가 잇따랐지요.

'티폰이 또 몸부림을 치는 모양이군. 저러다 대지가 무너지기라도 하면 큰일인데…….'

티폰은 시칠리아 섬에 깔린 채 이따금 몸을 뒤채며 뜨거운 숨을 토했습니다.

하데스는 걱정이 되어 바깥세상으로 나가 살펴보기로 했습니다. 그는 왕궁을 나가 검은 말들이 끄는 수레에 올랐습니다.

하데스가 성을 나서자 문지기 개 케르베로스가 꼬리를 흔들었습니다. 케르베로스는 머리가 세 개인 데다가 몸집이 사자처럼 크고 성질이 몹시 사나웠습니다.

하데스는 검은 하늘을 날아 아케론 강을 건넜습니다. 영혼을 태운 배가 지하의 성을 향해 강물 위를 떠가는 게 보였습니다. 무뚝뚝한 뱃사공 카론이 천천히 노를 젓고 있었지요.

아케론 강은 스틱스 강의 한 줄기입니다. 스틱스 강은 큰 바다의 서쪽에서 지하 세계로 흘러 들어와 네 줄기로 갈라졌습니다. 그 물줄기들은 지하 세계를 휘돌다가 다시 모여 동쪽의 큰 바다로 흘러 나갔습니다.

아케론 강의 나루터에는 영혼들이 배를 기다리며 서성였습니다. 영혼들은 죽음의 신 타나토스를 따라 이곳까지 와서 강을 건너 지하 세계로 들어갔지요.

카론은 뱃삯으로 영혼들에게 동전을 한 닢씩 받았습니다. 장례를 치르지 못한 영혼은 동전이 없어 나루터에서 백 년을 기다렸습니다. 그래서 고대 그리스 사람들은 죽은 이의 장례를 치를 때 관 안에 동전을 넣

지하 왕국의 파수꾼

케르베로스는 지하 세계의 성문을 지키는 개로, 괴물 티폰과 윗몸은 여성이고 아랫몸은 뱀인 에키드나 사이에서 태어났다. 머리가 세 개이고 뱀의 머리로 된 꼬리를 지녔다. 산 이는 지하 왕국으로 들어오지 못하게 하고 죽은 이는 나가지 못하게 했다.

■ 윌리엄 블레이크, 〈케르베로스〉

지하의 여왕이 된 페르세포네

어 주었습니다.

하데스는 나루터를 지나 바깥세상으로 나가는 커다란 청동 문 앞에 이르렀습니다. 타나토스가 그를 보고 인사를 건넸습니다.

"대왕, 어딜 그리 바삐 가십니까?"

"대지가 하도 요동치기에 별일 없는지 살펴보러 가는 길이다."

하데스의 말에 타나토스가 청동 문을 열었습니다. 눈부신 빛이 쏟아져 들어오자 하데스는 잠시 눈을 감았다 떴습니다.

지하 세계의 입구는 큰 바다의 신 오케아노스의 나라와 닿아 있습니다. 하데스는 큰 바다를 넘어 시칠리아 섬으로 빠르게 날아갔습니다. 하데스가 도착했을 때 티폰은 이미 잠잠해져 있었습니다.

'쯧쯧, 괜한 걱정을 했군. 제아무리 티폰이라도 대지를 무너뜨리진 못하겠지.'

하데스는 천천히 수레를 몰며 경치를 구경했습니다. 봄이 한창이라 꽃들이 활짝 피어 있었지요.

그때 하늘에서 아프로디테와 에로스가 그를 보았습니다.

"어머, 지하에서만 지내는 이가 오늘은 웬일로 바깥나들이를 했지?"

"모처럼 꽃구경이라도 하러 나왔나 보죠."

그 순간 아프로디테에게 짓궂은 생각이 떠올랐습니다.

"호호, 저 외로운 홀아비에게 아내를 만들어 줘야겠구나."

"누구를 짝지어 주시려고요?"

"지금 저 섬에 페르세포네가 있다. 그녀라면 하데스와 잘 어울릴 듯하구나."

페르세포네는 제우스와 곡식의 여신 데메테르 사이에 태어난 딸입니다. 미모가 빼어나 여러 신에게 청혼을 받았지요. 결혼에 관심이 없던 페르세포네는 구혼자들을 피해 시칠리아에 숨어 지냈습니다.

아프로디테는 페르세포네가 잘난 체를 한다고 여겨 못마땅해했습니다. 에로스는 그런 어머니의 마음을 알아차리고 금 화살을 시위에 걸었습니다.

"사랑을 잇는 일이라면 당연히 제가 나서야지요."

에로스의 금 화살은 하데스의 가슴을 정확하게 맞추었습니다. 금 화살은 눈에 보이지도 않고 맞아도 느

지하 세계의 왕 하데스

크로노스와 레아의 아들로 제우스, 포세이돈과는 형제이다. 하데스는 머리에 쓰면 모습이 감춰지는 투구를 지녔다. '눈에 보이지 않는 자'라는 뜻의 하데스라는 이름은 여기서 생겨났다.
■ 오귀스탱 파주, 〈케르베로스를 데리고 있는 하데스〉, 조각.

큐피드의 화살

큐피드는 사랑의 신 에로스의 영어식 표현이다. 오늘날 '큐피드의 화살을 맞았다.'라고 하면, 주로 '첫눈에 사랑에 빠졌다.'라는 의미로 쓰인다.
■ 라파엘로 산치오, 〈갈라테이아〉 부분.

낌이 없어 하데스는 아무것도 눈치채지 못했지요.

그때 페르세포네는 꽃을 찾아 나선 길이었습니다.

'오늘은 수선화로 바구니를 채워야겠어.'

때마침 하데스가 하늘을 날다가 페르세포네를 보았습니다.

'세상에, 저렇게 아름다운 여신이 있었다니!'

하데스는 페르세포네에게 첫눈에 반했습니다. 그는 수레에서 뛰어내려 그녀의 어깨를 붙잡았습니다. 페르세포네가 놀라서 소리쳤습니다.

"앗, 누구세요? 당장 이 손 치워요!"

"나는 지하의 왕 하데스요. 나와 결혼해 주시오."

"싫어요! 제발 놔주세요!"

페르세포네는 하데스를 뿌리치려고 했습니다. 하데스는 재빨리 그녀의 허리를 잡아 강제로 수레에 태웠습니다.

"나와 결혼하면 지하 세계의 여왕이 될 것이오."

"다 필요 없으니 당장 내려 줘요. 어머니, 절 구해 주세요!"

페르세포네가 데메테르를 부르며 울부짖었지만 하데스는 꿈쩍도 하지 않았습니다. 에로스의 화살이 그

페르세포네의 납치

하데스가 페르세포네를 납치하고 있다. 페르세포네의 놀란 몸짓과 하데스의 억세 보이는 손길이 대비를 이루고 있다.
■ 얀 피터르 반 바우르스헤잇, 〈하데스에 의한 페르세포네의 납치〉, 돋을새김.

의 마음에 사랑의 불을 일으켰으니까요.

하데스의 수레가 지하 세계를 향해 달리는데 샘의 요정 키아네가 페르세포네를 알아보았습니다. 요정은 샘물을 일으켜 하데스의 수레를 막았습니다.

"지하 세계의 왕이시여, 어찌 페르세포네를 강제로 데려가십니까? 결혼을 하시려거든 그분과 그분의 어머니께 먼저 허락을 받으셔야지요."

"감히 누구 앞을 막느냐? 썩 물러나라!"

"이대로는 못 갑니다. 여신을 내려 주십시오."

키아네가 물이 뚝뚝 떨어지는 두 팔을 벌렸습니다.

"그래 봤자 소용없다."

하데스가 왕홀로 샘물을 내리쳤습니다. 그 바람에 샘의 바닥이 쩍 갈라졌지요.

그 순간 페르세포네가 달아나려고 몸부림치다가 붉은 허리띠를 떨어뜨렸습니다. 하데스는 단숨에 갈라진 땅속으로 수레를 몰아 지하 세계로 사라졌습니다.

키아네는 페르세포네가 가여워 눈물지었습니다. 뜨거운 눈물이 몸을 적시자 요정은 점점 물로 변해 샘물 속으로 영원히 사라졌습니다.

데메테르는 사라진 딸을 찾아 시칠리아 섬을 샅샅

이 뒤졌습니다.

"애야, 도대체 어디 있느냐."

여신은 날이 저물면 횃불을 들고 땅 위를 누볐습니다. 비가 내려 온몸이 젖어도 발길을 멈추지 않고 마치 넋이 나간 듯 이리저리 헤매었지요.

하루는 데메테르가 너무 목이 말라 물을 마시려고 샘을 찾았습니다. 때마침 여신은 키아네가 사라진 샘을 발견했습니다. 여신은 샘물을 마시다 물 위에 떠 있는 붉은 허리띠를 보았습니다.

"아니, 저건 페르세포네의 것인데……."

여신은 허리띠를 집어 들고 샘 주위를 둘레둘레 살폈습니다.

"누가 내 딸을 본 적 없나요?"

어쩌다 만나는 농부들은 여신의 꾀죄죄한 차림을 보고는 혀를 차며 고개를 저었습니다. 여신의 슬픔은 점차 분노로 바뀌었습니다.

"내가 곡식이 잘 자라도록 늘 도와주었는데 날 도우려는 자가 하나도 없다니, 괘씸하구나!"

물을 얻어먹는 데메테르

데메테르가 밤늦도록 딸 페르세포네를 찾아 헤매다가 노파에게 얻은 물을 허겁지겁 마시고 있다.
오른쪽 남자아이 아스칼라보스는 이 모습을 비웃은 탓에 도마뱀이 되는 벌을 받았다.

■ 아담 엘스하이머, 〈데메테르와 아스칼라보스〉

곡식의 여신 데메테르
데메테르는 곡식·농사·대지의 여신이다. 로마 신화의 케레스(Ceres)에 해당한다.
우유에 말아 먹는 곡물을 영어로 시리얼(cereal)이라고 하는데, 이는 케레스에서 유래된 말이다.

데메테르는 더는 시칠리아의 곡식을 돌보지 않았습니다. 그러자 시칠리아에 흉년이 들고, 기름진 땅도 잡초만 무성해지게 되었습니다.

여신은 들판을 걸으며 곰곰이 생각했습니다.

'이렇게 눈에 안 띄는 걸 보니 아무래도 누가 붙잡아 간 거야. 여신을 끌고 갔다면 그자도 분명 신이겠지. 그래, 이제 갈 곳은 한군데뿐이다.'

데메테르는 제우스를 찾아갔습니다.

"페르세포네는 대왕의 딸이기도 하니 거짓 없이 말씀해 주세요. 그 애는 지금 어디 있나요?"

여신의 단호한 표정에 제우스는 사실대로 털어놓았습니다.

"지금 지하 세계에 있소. 하데스가 페르세포네를 아내로 맞고 싶은 모양이오."

"그럴 순 없어요. 당장 그 애를 데려오세요."

여신의 얼굴이 분노로 일그러졌습니다. 제우스가 부드러운 말로 여신을 달랬습니다.

"헤르메스를 보내 데려오겠소. 하지만 그 애가 지하 세계의 음식을 먹었다면 그땐 나도 어쩔 수 없소."

이 법은 운명의 여신 모이라이 세 자매가 정한 것으

로, 지하의 음식을 먹으면 그곳에 살아야 했지요.

데메테르는 걱정스레 한숨을 내쉬었습니다.

'휴, 부디 아무것도 먹지 말아야 할 텐데……'

헤르메스가 곧장 지하 세계로 향했습니다. 그에 앞서 제우스가 헤르메스에게 은밀하게 말했습니다.

"난 하데스와 페르세포네가 맺어지길 바란다. 그러

니 하데스에게 내 마음을 전하고 오너라."

"무슨 뜻인지 잘 알겠습니다."

눈치 빠른 헤르메스는 제우스의 생각을 금세 알아챘습니다. 그는 하데스를 만나서 제우스의 뜻을 전했습니다. 하데스는 헤르메스에게 속내를 털어놓았습니다.

"제우스의 뜻은 참으로 감사하오. 그런데 페르세포네가 여기 온 뒤로 물 한 모금도 마시지 않고 있으니 이를 어쩌면 좋겠소."

"보기만 해도 군침이 도는 음식을 권해 보십시오."

"마침 좋은 게 있소. 그대는 내일 다시 와 주시오."

페르세포네는 지하 왕궁의 방 안에 틀어박힌 채 연방 한숨을 내었습니다.

'후유, 어머니가 얼마나 애태우며 날 찾으실까?'

그때 하데스가 문을 두드리며 나타났습니다. 페르세포네가 벌떡 일어나 소리쳤습니다.

"날 언제까지 이곳에 가둬 둘 거죠? 당장 집으로 돌려보내 줘요."

"나도 지쳐서 이제 당신을 보내 줄까 하오. 내일 당신에게 길을 안내할 헤르메스가 오기로 했소. 그 전에 당신에게 우리 왕궁을 구경시켜 주고 싶소."

"그렇다면 좋아요!"

페르세포네는 선뜻 하데스를 따라나섰습니다.

하데스는 먼저 엘리시온으로 갔습니다. 그곳은 봄날처럼 밝고 따사로웠습니다. 영혼들은 노래를 하거나 음식을 나눠 먹으며 행복한 미소를 지었습니다.

"정말 아름다워요!"

"선한 영혼들만 오는 낙원이라오."

하데스는 페르세포네를 석류나무가 있는 곳으로 이끌었습니다. 나뭇가지마다 빨갛게 익은 석류가 주렁주렁 매달려 있었지요.

여신은 탐스런 열매들을 보며 탄성을 질렀습니다.

"어쩜 이리도 예쁘고 먹음직해 보일까."

페르세포네는 군침이 돌아 침을 꿀꺽 삼켰습니다.

"얼마든지 먹어도 좋소."

페르세포네는 잠시 망설이다가 석류 열매를 따서 반을 쪼갠 뒤 씨앗 몇 알을 입안에 쏙 넣었습니다. 순간 하데스는 날아갈 듯 기뻐했습니다.

'그래, 이제 페르세포네는 내 아내다.'

이튿날 헤르메스가 페르세포네를 땅 위로 이끌었습니다.

석류를 들고 있는 페르세포네

석류는 품고 있는 많은 씨앗 때문에 비옥함과 생명의 상징이 되었다. 페르세포네는 이 석류를 먹음으로써 지하 세계에 남게 되었다.

■ 댄티 게이브리엘 로세티, 〈페르세포네〉

　데메테르와 제우스는 그리스 반도의 남쪽 엘레우시스에서 페르세포네가 나타나기를 기다렸습니다. 그곳은 데메테르가 처음으로 사람들에게 씨앗을 나눠 주고 농사를 가르친 곳입니다. 여신은 올림포스보다 이곳에 머물 때가 많았지요.

　데메테르는 딸을 보자 눈물을 훔치며 궁금한 것부터 물었습니다.

　"그동안 고생 많았구나. 혹시 지하 세계에서 무얼 먹은 건 아니겠지?"

"석류 알을 몇 개 먹었는데……. 왜요, 어머니?"

"세상에! 네가 모이라이의 법을 몰랐단 말이냐?"

페르세포네는 그제야 자신의 실수를 깨닫고 어쩔 줄 몰라 했습니다. 데메테르는 안타까운 얼굴로 제우스를 바라보았습니다.

"그깟 석류 알 좀 먹었다고 딸을 영원히 지하 세계에 살게 하실 건가요?"

제우스는 시미치를 뚝 떼고 대답했습니다.

"어허, 안타깝지만 나도 어쩔 수가 없소."

"안 돼요! 이럴 수는 없어요."

데메테르는 제우스의 팔을 붙들고 애원했습니다. 그러자 옆에 있던 헤르메스가 제안했습니다.

"페르세포네 여신이 반년은 어머니와 지내고, 반년은 하데스의 아내로 살면 어떻겠습니까? 모이라이 여신들도 공평하게 생각할 것입니다."

"그게 좋겠구나. 헤르메스의 말대로 합시다."

제우스의 결정에 데메테르는 더 이상 고집을 피울 수 없었습니다. 반년이라도 딸과 함께 지낼 수 있다는 데 만족해야 했지요.

그 뒤로 페르세포네는 바깥세상과 지하 세계를 오

씨앗의 상징 페르세포네
페르세포네는 제우스와 데메테르의 딸이자 하데스의 아내이다. 처녀를 뜻하는 그리스어 '코레'로도 불렸다.
페르세포네는 일 년의 반은 지하에서 지내고 나머지 반은 지상에서 지냈으므로, 겨울 동안 땅속에서 지내고 봄이 되면 싹을 틔우는 '씨앗'에 비유되기도 했다.

하데스와 페르세포네
술잔을 든 하데스가 페르세포네와 함께 앉아 있다. 페르세포네는 해마다 일정한 기간 동안 지하 세계에서 살았다. 이때 바깥세상은 겨울이 된다.
■ 서기전 4세기 무렵, 술잔.

가며 살았습니다. 데메테르는 딸과 지내는 동안에는 기쁜 마음으로 곡식을 돌보았습니다. 하지만 딸이 떠나면 슬픔에 빠져 일손을 놓았지요.

그 바람에 땅이 메마르고 얼어붙는 겨울이 생겼다고 합니다. 곡식의 씨앗은 겨울을 이겨 내며 여신이 다시 싹을 틔워 줄 날을 기다렸습니다.

하데스는 페르세포네를 무척 아끼고 존중했습니다. 모든 일을 여신과 의논하고, 지하 세계를 둘러볼 때도 늘 함께 다녔습니다.

지하 세계에는 엘리시온처럼 밝은 곳도 있지만 어둡고 스산한 곳이 더 많았습니다. 엘리시온으로 가지 못한 영혼들은 희뿌연 안개가 낀 비탄의 들을 떠돌았습니다. 또 무거운 죄를 지은 영혼들은 타르타로스에 갇혔지요.

타르타로스는 지하 세계에서도 가장 깊숙한 곳에 있는 감옥으로, 차마 눈 뜨고 볼 수 없이 처참했습니다. 어떤 이는 자꾸만 굴러 내려오는 바위를 언덕 위로 끊임없이 밀어 올리고, 어떤 이는 끝없이 돌아가는 불의 바퀴에 꽁꽁 묶였습니다. 자꾸만 도망가는 물 앞에서 영원한 갈증에 시달리는 이도 있었지요.

페르세포네는 불행한 영혼들을 보며 말했습니다.

"이제야 지하 세계가 있는 이유를 알겠어요."

"허허, 무엇 때문이라고 생각하시오?"

하데스가 애정이 담긴 눈으로 아내를 바라보며 물었습니다.

"사람들은 죽음을 두려워하잖아요. 하지만 죽음이 없다면 삶의 소중함을 모를 거예요. 죽은 뒤의 삶을 생각한다면 살아 있는 동안 더 착하고 성실하게 살지 않겠어요?"

"맞는 말이오. 당신은 벌써 지하 세계의 신이 다 되었구려."

페르세포네는 어느덧 하데스와 지하 세계를 존중하게 되었습니다.

신화 갤러리 1

▲ **스틱스 강의 뱃사공 카론**
카론이 스틱스 강을 지나고 있다. 지하 왕국의 입구에는 케르베로스가 성문을 지키고 있다.
■ 요아힘 파티니르, 〈스틱스 강을 건너며〉

▲ **저승에서 연주하는 오르페우스**
죽은 아내를 찾아 저승으로 간 노래꾼 오르페우스는 지하 세계의 왕 하데스 앞에서 리라를 연주하여 그를 감동시킨다.
■ 프란체스코 아벨리, 〈저승에 간 오르페우스〉

스틱스 강이 흐르는 저승 세계

고대 그리스인들은 저승이 땅속에 있다고 생각했습니다. 그러면서도 이승과 연결되어 있다고 믿었지요.

이승의 대지 아래에는 검은 하늘이 있고, 이승에서 시작된 스틱스 강이 지하 왕국을 휘감아 돌며 네 줄기로 나뉘었다가 다시 하나로 합쳐져 이승으로 흘러 나갑니다. 강의 안쪽에는 왕궁이 있습니다. 머리 셋 달린 개 케르베로스가 성문을 지키고 지하 세계의 왕인 하데스가 이곳에 머물며 저승을 다스립니다.

죽은 자들의 영혼은 뱃사공 카론의 배를 타고 스틱스 강의 줄기인 아케론 강을 건너야 저승에 이르렀습니다. 이 강을 건너면 비탄의 들이 나오고, 오른쪽에는 낙원 엘리시온이 있습니다. 선한 영혼과 영웅들의 영혼이 이곳에 갔지요. 왼쪽에는 타르타로스 감옥이 있는데, 죄 많은 영혼이 이곳에서 무시무시한 벌을 받았습니다.

비밀에 싸인 엘레우시스 의식

엘레우시스는 아테네 북서쪽에 위치한 평야 지대로 땅이 매우 비옥했습니다. 이곳 사람들은 해마다 농사의 풍작을 기원하며 곡식과 농업의 여신 데메테르와 그의 딸 페르세포네를 숭배하는 의식을 치렀습니다. 이것을 '엘레우시스 의식'이라고 하지요.

엘레우시스 의식은 여느 축제와 달리 매우 경건하게 진행되었습니다. 특히 가장 중요한 의식은 창문이 없고 천장 한복판에 들창만 있는 '텔레스테리온'이라는 비밀의 장소에서 이루어졌지요.

의식에 참가하는 것은 명예로운 일로 여겨졌으며, 참석한 사람들은 자신이 본 것을 누구에게도 말하지 않기로 약속하는 침묵의 맹세를 했습니다. 엘레우시스 의식은 아름답고 성스럽기로 유명했으나 침묵의 맹세 때문에 지금까지도 그 실체는 비밀에 싸여 있답니다.

▶ 딸을 만나는 데메테르

데메테르가 지하 세계에서 돌아온 딸 페르세포네를 반기고 있다. 페르세포네 뒤로 신들의 전령 헤르메스가 보인다.
■ 프레더릭 레이턴, 〈페르세포네의 귀환〉

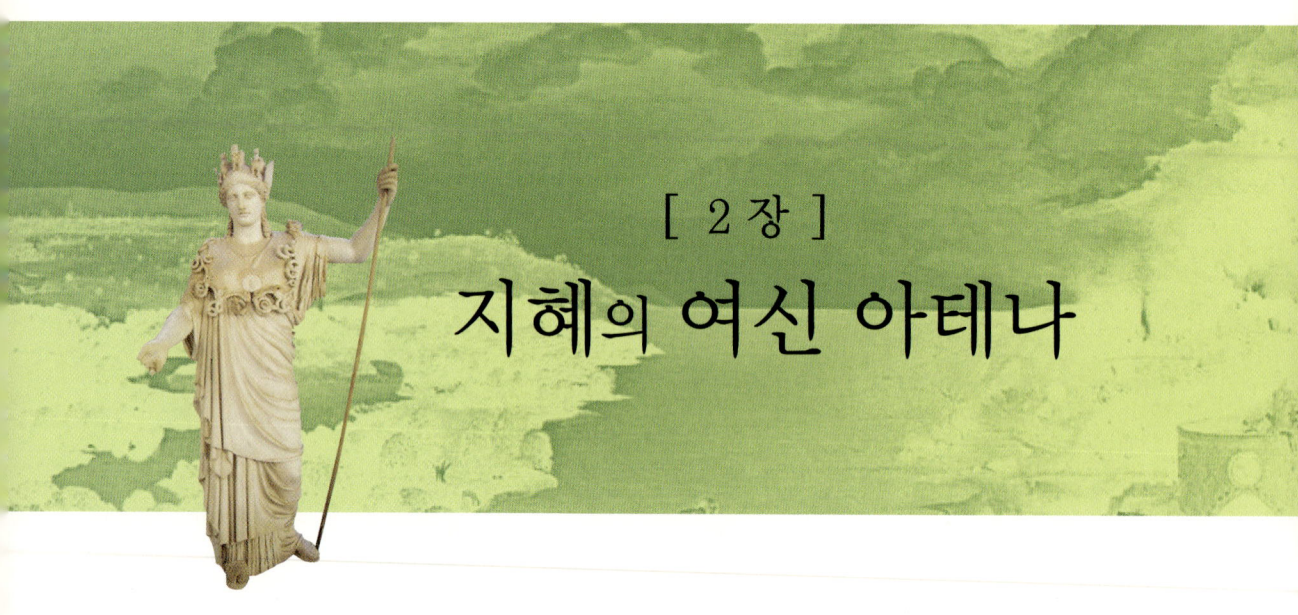

[2장]
지혜의 여신 아테나

　그리스 반도의 남쪽에 아티카라는 땅이 있습니다. 아테나 여신은 하늘을 날다가 아티카의 한 항구를 내려다 보았습니다.
　'오호, 마을이 제법 큰걸.'
　아테나는 가까이 다가가 살펴보았습니다. 여러 지방에서 들여오는 농산물과 다른 지방에 팔 물건들이 수레에 실려 빠르게 오갔습니다.
　'이곳 사람들은 부지런하고 지혜로워 보이는군. 그러니 이런 메마른 땅에 큰 마을을 세웠겠지.'
　여신은 그 마을과 사람들이 마음에 들었습니다.
　'이곳을 내 터전으로 삼아 세상에서 가장 뛰어난 도

시로 만들고 싶구나.'

그 무렵 신들은 자신들이 다스릴 땅을 고르느라 바빴습니다. 땅의 주인은 신들의 회의를 통해 결정되었지요.

아테나는 회의에서 아티카의 마을을 달라고 청했습니다. 다른 신들은 그곳에 욕심이 없는 듯 고개를 끄덕였습니다. 그때 한 신이 목소리를 높였습니다.

"안 되오. 그 마을은 내가 점찍어 둔 곳이오."

바다의 왕 포세이돈이었습니다.

"그곳은 내 궁전에서 가깝소. 또 그곳 사람들은 내 바다에 항구를 만든 덕분에 장사를 하며 먹고살지요. 그러니 내 땅이 되어야 마땅하오."

아테나도 물러서지 않았습니다.

"제가 먼저 이야기를 꺼냈으니 제게 양보하세요."

"그럴 순 없소."

두 신의 입씨름이 이어졌습니다. 여차하면 싸움이라도 벌어질 판이었습니다. 두 신이 지닌 힘을 알기에 신들은 누구의 편도 들지 못했습니다. 마침내 제우스가 나섰습니다.

"자자, 그만들 하시오. 두 신이 공평하게 겨뤄서 승

포세이돈과 그의 아들 트리톤

포세이돈은 '마실 것을 주는 이'라는 뜻이다. 바다와 강의 신으로 파도와 지진 등을 부릴 수 있다. 삼지창인 트리아이나는 포세이돈의 상징이다.
소라고둥을 불고 있는 신은 포세이돈의 아들 트리톤이다.

■ 베르니니, 〈포세이돈과 트리톤〉, 조각.

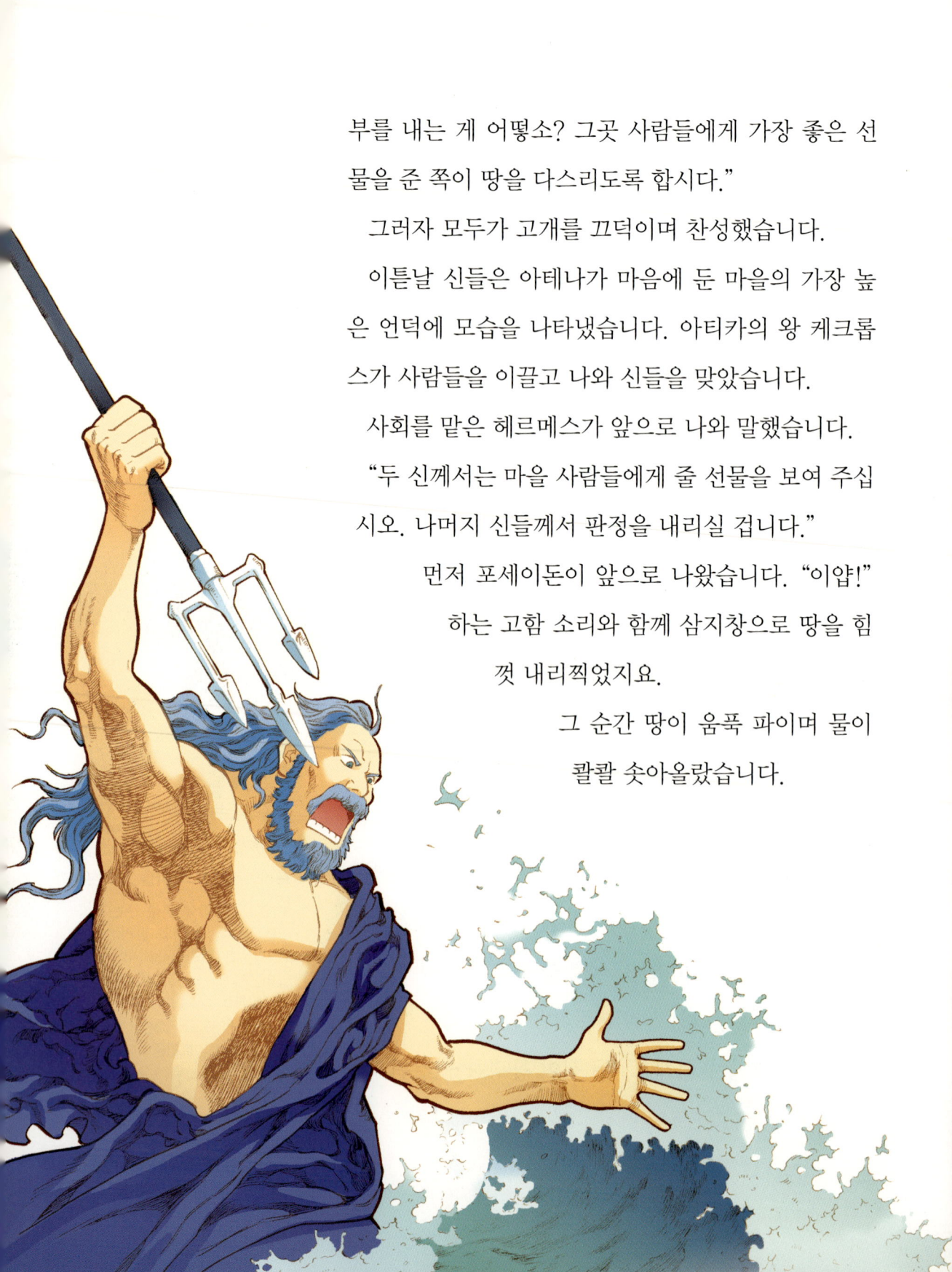

부를 내는 게 어떻소? 그곳 사람들에게 가장 좋은 선물을 준 쪽이 땅을 다스리도록 합시다."

그러자 모두가 고개를 끄덕이며 찬성했습니다.

이튿날 신들은 아테나가 마음에 둔 마을의 가장 높은 언덕에 모습을 나타냈습니다. 아티카의 왕 케크롭스가 사람들을 이끌고 나와 신들을 맞았습니다.

사회를 맡은 헤르메스가 앞으로 나와 말했습니다.

"두 신께서는 마을 사람들에게 줄 선물을 보여 주십시오. 나머지 신들께서 판정을 내리실 겁니다."

먼저 포세이돈이 앞으로 나왔습니다. "이얍!" 하는 고함 소리와 함께 삼지창으로 땅을 힘껏 내리찍었지요.

그 순간 땅이 움푹 파이며 물이 콸콸 솟아올랐습니다.

"보다시피 이건 샘이오. 여긴 땅이 메말라 샘이 많이 필요하오. 내가 이 샘을 통해 바닷물을 얼마든지 보내 주겠소."

이번에는 아테나 차례였습니다. 여신은 포세이돈이 파 놓은 샘가를 빙 돌면서 창으로 연방 땅을 찔렀습니다.

그러자 땅에서 싹이 트고 나무가 자랐습니다. 나무에서는 향기로운 흰 꽃이 피고 지더니 곧 열매가 열렸습니다. 여신은 열매 하나를 따며 말했습니다.

"이것은 올리브입니다. 열매는 기름으로 짜 먹고, 잎은 약으로 쓰입니다. 줄기는 땔감이 되지요. 버릴 게 하나도 없는

지혜의 여신 아테나

아테나와 포세이돈의 대결
아테나와 포세이돈은 아티카 땅을 서로 차지하려고 대결을 벌였다. 헤르메스가 아테나의 승리를 전하고 있다. 아테나 뒤로 올리브나무가 보인다.
■ 안토니오 롬바르도, 돌을새김.

나무입니다. 이 나무는 여기처럼 메마른 땅에서도 잘 자란답니다."

판정을 내릴 신들이 한동안 이야기를 나누었습니다. 신들은 그 자리에 모인 사람들에게도 의견을 물었습니다.

"샘은 짠물이라 먹지도, 농작물을 키워 주지도 못합니다."

"올리브나무는 쓸모가 많아서 좋습니다."

마을 사람들의 의견이 올리브나무로 모아졌고, 신들의 의견도 이와 같았습니다. 헤르메스가 아테나의 승리를 발표했습니다. 포세이돈은 얼굴이 붉그락푸르락해지더니 버럭 성을 냈습니다.

"내 바다 덕분에 먹고살면서 날 무시했겠다? 항구를 바닷물로 덮어 버릴 테다!"

포세이돈은 삼지창을 쳐들며 당장 해일이라도 일으킬 기세였습니다. 케크롭스가 놀라 포세이돈 앞에 무릎을 꿇었습니다.

"화를 거두어 주십시오. 저희가 아테나 여신 못지않게 포세이돈 신을 섬기겠습니다."

다른 신들도 나서서 포세이돈을 달랬습니다. 포세이돈은 마지못해 삼지창을 내려놓았습니다.

마침내 아티카는 아테나의 차지가 되었습니다. 여신이 선물한 올리브나무는 마을에 큰 복을 가져다주었습니다. 올리브유는 쓸모가 많아 지중해의 여러 지방으로 팔려 나가고, 마을은 점점 부유해졌지요.

사람들은 마을을 아테나의 이름을 따서 아테네라고 불렀습니다. 아테네는 점점 커져 그리스 반도에서 경제와 문화의 중심지가 되었습니다.

아테나가 올리브나무를 처음으로 심은 언덕이 바로 아크로폴리스입니다. 아크로폴리스는 '높은 언덕'이라는 뜻으로 사람들은 아테나를 위해 그곳에 파르테논 신전을 세웠습니다.

아테나는 언제나 깃이 높이 달린 청동 투구를 쓰고 갑옷을 입은 모습입니다. 또 한 손엔 강철보다 강한 아이기스 방패를, 다른 손엔 창을 들었지요. 여신은 제우스의 머리에서 태어날 때부터 그런 전사의 모습이었습니다.

여신은 평소에는 온화하지만, 불의를 보면 그냥 지나치지 않고 힘과 무예로 응징했습니다. 그 어떤 신도

아테나의 선물, 올리브나무

올리브나무는 쓰임새가 무척 다양하다. 나무는 무늬가 곱고 향기가 좋아서 장식용 조각에 널리 쓰이며, 열매는 훌륭한 요리 재료가 된다.
올리브유는 샐러드에 끼얹거나 프라이팬에 둘러 볶음 요리에 사용한다. 또 비누를 만들어 쓰면 피부 미용에 매우 좋다.

뛰어난 아테나에게 함부로 맞서지 못했지요.

한편으로 여신은 공예품을 만들거나 천을 짜고 수놓는 일을 좋아했습니다. 대장장이 신 헤파이스토스도 여신이 만든 보석함과 촛대, 천에 수놓은 그림과 무늬를 보며 감탄할 정도였지요.

그리스 반도 동쪽 소아시아에는 리디아라는 곳이 있습니다. 그곳 여인들은 천을 짜고 수를 놓는 솜씨가 뛰어났습니다.

그중에서도 아라크네는 수를 아름답게 놓기로 소문이 자자했습니다. 리디아 사람들은 물론이고 숲의 요정들까지 그녀의 솜씨를 구경하러 몰려들었습니다.

"와, 저 손놀림 좀 봐. 어쩌면 저리도 빠르지?"

"저기 수놓은 말은 마치 금방이라도 달릴 것 같아."

구경꾼들은 아라크네의 솜씨를 보며 너도나도 감탄했습니다. 아라크네는 그럴수록 손을 더욱 빨리 움직였지요. 그때 한 여인이 부러운 듯 말했습니다.

"아테나 여신께 배운 솜씨일까?"

아라크네가 일손을 멈추지 않은 채 말했습니다.

"여신이 아무리 솜씨가 좋아도 이만하겠어요?"

"에구머니, 그렇게 함부로 말하면 못써요."

"흥, 여신과 솜씨를 겨뤄도 이길 자신이 있다고요."

그 소문이 올림포스까지 퍼졌습니다. 아테나는 감히 자신의 솜씨를 얕보는 아라크네를 만나 보기로 마음먹었습니다.

'설마 인간이 그리도 교만할 리 없지.'

아테나는 할머니로 모습을 바꾸어 아라크네의 집을 찾았습니다. 아라크네는 이제 막 일을 시작하려던 참이었지요. 여신이 아라크네에게 다가가 말했습니다.

"소문을 듣고 왔다오. 솜씨가 아무리 좋아도 아테나 여신을 비웃은 건 큰 잘못이에요. 지금이라도 여신께 용서를 빌도록 해요."

"아침부터 재수 없는 소리 말아요. 당신이 여신이라도 돼요? 여신이 와도 무서울 것 없다고요!"

아라크네는 할머니를 문밖으로 밀쳐 내려고 했습니다. 그 순간 여신이 원래의 모습으로 돌아왔습니다.

"그래, 내가 왔다. 이제 어찌하겠느냐?"

여신의 몸에서 눈부신 빛이 뿜어져 나왔습니다.

"앗, 아테나 여신이시다!"

숲의 요정들이 여신을 먼저 알아보고 땅에 무릎을

지혜와 전쟁의 여신 아테나

아테나는 제우스와 메티스의 딸로 지혜·전쟁·정의·직물·요리·도기·문명의 여신이다. 주로 투구와 갑옷을 입고, 창과 방패를 손에 든 여전사의 모습으로 표현된다. 지혜롭고 이성적이며 사람들에게 은혜를 베풀고 영웅들을 돕는다. 로마 신화의 미네르바에 해당한다.

■ 서기전 340~330년, 조각.

꿇었습니다. 사람들도 당황하며 머리를 깊이 숙였습니다.

아라크네는 한순간 얼굴이 창백해지더니 이내 아무렇지 않은 듯 담담하게 말했습니다.

"어차피 이렇게 되었으니 천 짜는 솜씨를 한번 겨뤄 보고 싶어요."

"그래? 좋다! 누구의 솜씨가 더 나은지 보자꾸나."

여신이 옆에 있는 베틀에 앉았지요. 아라크네도 나란히 놓인 베틀에 자리를 잡았지요. 구경꾼들은 숨소리조차 죽인 채 둘을 지켜보았습니다.

둘의 손놀림은 눈으로 따라잡기 어려울 만큼 재빨랐습니다. 갖가지 색실을 담은 북이 날실 사이사이로 춤추듯 오갔습니다. 금세 둘의 천 위에는 색색의 그림이 펼쳐졌습니다.

해가 뉘엿뉘엿 질 무렵에야 시합이 끝났습니다. 여신이 먼저 천을 내보였습니다.

여신의 천 위에는 올림포스 열두 신의 모습이 펼쳐져 있었습니다. 여신이 아티카에서 포세이돈과 겨루는 장면도 새겨져 있었습니다. 마치 바로 눈앞에 신들이 있는 것처럼 생생했지요.

아테나와 아라크네의 시합
천 짜기 시합이 벌어졌다. 아라크네가 천 짜는 모습을 투구를 쓴 아테나가 턱을 괸 채 지켜보고 있다.
베틀 뒤로 시합을 구경하는 요정들이 보인다.
■ 틴토레토, 〈아테나와 아라크네〉

"와, 금방이라도 걸어 나올 것 같아!"

구경꾼들이 저마다 탄성을 쏟아냈습니다.

이번에는 아라크네가 천을 펼쳤습니다. 제우스가 여러 여신과 만나는 장면들이 있는가 하면 아테나의 어머니 메티스를 삼키는 모습도 있었습니다. 헤라는 제우스 뒤에서 시기하는 표정을 짓고 있었지요.

"어쩜 아라크네의 수도 정말 생기가 넘치네!"

사람들은 혀를 내두르며 칭찬했습니다. 하지만 숲의 요정들은 근심 어린 표정으로 아테나의 눈치를 살폈습니다. 아라크네의 수는 제우스를 비롯한 신들을 조롱하는 내용이었으니까요.

아테나는 아라크네가 짠 천을 본 순간, 눈에서 불꽃이 일었습니다. 여신은 아라크네의 교만에 분노하며 소리쳤습니다.

"네가 신들 무서운 줄 모르는구나!"

여신은 아라크네의 천을 집어 들더니 북북 찢었습니다. 그러고도 분이 풀리지 않는지 베틀의 북으로 아라크네의 이마를 두드리며 꾸짖었습니다.

"너의 수놓는 솜씨는 나 못지않다. 그러나 수의 내용은 비뚤어진 네 마음처럼 보기 흉하구나."

여신의 목소리는 소름이 돋도록 싸늘했습니다.

"정신이 올바르지 못한 자의 솜씨는 세상에 해를 끼치는 법이다."

아라크네는 여신의 매서운 눈초리를 보았습니다. 그녀는 이내 자신이 결코 용서받지 못하리라는 것을 깨달았습니다.

그녀는 갑자기 방으로 달려가더니 들보에 실타래를 묶어 목을 맸습니다. 여신의 벌이 두려워 스스로 죽으려고 한 거예요.

아라크네가 들보에 매달린 채 숨이 막혀 컥컥거리는데 여신이 그녀에게 다가갔습니다.

"내가 널 쉽게 죽도록 그냥 놔둘 줄 아느냐?"

여신은 아라크네의 목에 걸린 실타래를 느슨하게 풀었습니다.

"너는 평생 허공에 매달려 실을 잣고 베를 짜라. 세상 사람들은 솜씨만 좋고 마음이 비뚤

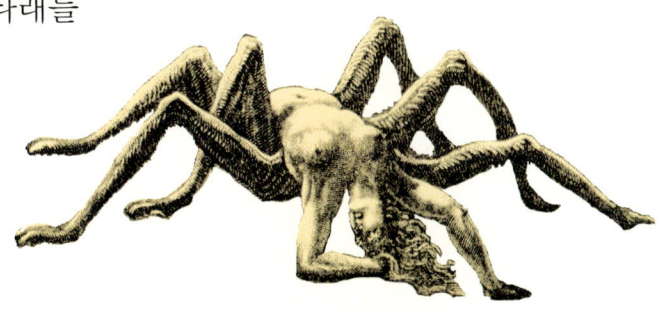

거미로 변하는 아라크네

아라크네는 천 짜는 솜씨를 뽐내다가 거미가 되는 형벌을 받는다. 아라크네는 그리스어로 '거미'를 뜻한다.

■ 귀스타브 도레, 〈아라크네〉

어진 너를 보면서 교훈으로 삼을 것이다."

그 순간 아라크네의 몸이 오그라들면서 시커멓게 변하더니 손발이 길게 늘어났습니다. 아라크네는 순식간에 거미가 되었지요.

그 뒤로 거미는 대대손손 꽁무니로 실을 뽑아 집을 지으며 살게 되었답니다.

신화 갤러리 2

▲ 파르테논 신전
파르테논이란 '처녀의 집'을 뜻한다. 파르테논 신전은 당대 최고의 조각가들이 9년여에 걸쳐 제작한 걸작이다.

▲ 아테네를 수호한 아테나
아티카 지방은 아테나 여신을 수호신으로 받들면서 이름을 아테네로 바꿨다.
■ 렘브란트, 〈아테나〉

그리스 예술의 최고 경지, 파르테논 신전

파르테논은 서기전 5세기에 아테나 여신을 위해 아테네의 가장 높은 언덕인 아크로폴리스에 세운 신전입니다. 파르테논 신전은 그리스가 남긴 건축물 가운데 가장 아름답고 균형 잡힌 건물로 손꼽힙니다.

신전은 기둥이 모두 46개에 이르며, 기둥의 높이만도 10미터가 넘는 어마어마한 규모입니다. 또 단순하지만 장엄하고 굳센 기상이 느껴지는 도리스 양식과 섬세하고 우아한 이오니아 양식을 적절히 섞어 건축함으로써 조형미를 잘 살렸다는 평가를 받고 있습니다. 기둥에 조각된 아테나와 포세이돈의 대결이나 신전에 장식된 조각품들도 그리스 예술의 최고 경지를 보여주고 있습니다.

1987년에 유네스코는 파르테논 신전과 함께 아크로폴리스 언덕 전체를 세계 문화유산으로 지정했습니다.

신에게 도전한 인간들

그리스 로마 신화에는 신과 인간의 대결 장면이 자주 등장합니다. 인간이 자신의 능력을 자랑하려고 신에게 도전장을 내거나 신보다 낫다고 뽐내다가 큰코를 다쳤지요.

리디아의 아라크네는 아테나 여신과 천 짜기 실력을 겨루어 거미가 되었습니다. 사티로스인 마르시아스는 아폴론과 악기 연주 실력을 겨룬 끝에 온몸의 가죽이 벗겨지는 벌을 받았습니다.

테베의 왕비 니오베는 자신이 레토 여신보다 낫다고 뽐내다가 자식들을 모두 잃었습니다. 또 영웅 벨레로폰은 스스로 신이 되려고 천마 페가수스를 타고 하늘로 오르다가 벼락을 맞고 떨어졌습니다.

이처럼 인간은 신과의 대결에서 항상 패자였으며, 신은 인간의 교만함에 어김없이 응징을 했습니다. 신화는 이런 이야기들을 통해 인간이 어떻게 살아야 할지 상징적으로 보여 주고 있습니다.

▲ **페가수스를 탄 벨레로폰**
벨레로폰이 페가수스를 탄 채 괴물 키마이라와 싸우고 있다.
■ 서기전 5세기 무렵, 항아리.

▼ **신과 인간의 시합**
이중 구조의 그림이다. 앞쪽의 그림에서는 할머니로 변한 아테나가 물레를 돌리고, 아라크네가 실을 감고 있다. 뒤쪽에는 아테나가 아라크네에게 벌을 내리는 모습을 표현했다.
■ 디에고 벨라스케스, 〈아라크네의 우화〉

[3장]
아폴론의 탄생과 활약

레토 여신이 제우스의 아이를 배 속에 가졌다는 소식이 올림포스에 전해졌습니다. 제우스와 다른 신들은 기뻐했지만, 헤라는 질투심과 분노에 사로잡혔지요.

헤라는 신들이 모인 자리에서 선언했습니다.

"내가 올림포스의 안주인인 이상 레토가 여기서 아이를 낳을 순 없어요."

제우스와 신들은 아무 말도 하지 못했습니다. 레토는 어쩔 수 없이 무거운 몸을 이끌고 땅으로 내려갔습니다.

헤라의 화는 좀처럼 누그러지지 않았습니다. 헤라는 무지개 여신 이리스를 불렀습니다.

"사람들에게 전해라. 해가 비치는 어떤 땅에서도 레토가 아이를 낳을 수 없게 하라고. 레토를 돕는 곳에서는 풀 한 포기도 자라지 못하게 만들겠다고!"

그러고도 헤라는 마음이 놓이지 않아 거대한 뱀 피톤을 보냈습니다. 피톤은 레토가 머무는 곳마다 따라다니며 훼방을 놓았지요.

레토는 아이를 낳을 곳을 찾았지만 그 어디에서도 환영받지 못했습니다. 사람들이 헤라를 두려워해 레토가 자신들의 땅에 머무는 것을 막았거든요.

제우스가 이를 보다 못해 레토를 도울 방법을 궁리했습니다.

'무슨 좋은 수가 없을까?'

어떤 신이든 한 번 내린 명령을 다른 신이 거둘 수 없는 것이 신들 사이의 법입니다. 제아무리 제우스라도 이 법을 어길 수는 없었지요. 제우스는 포세이돈에게 도움을 청했습니다.

"하하, 그런 일이라면 제게 맡기십시오."

포세이돈은 큰소리를 떵떵 치고는 바다 위를 떠다니는 섬을 찾아냈습니다. 포세이돈은 그 섬 위로 커다란 파도를 일으켜 햇빛을 가렸습니다. 그러자 해가 비

> **레토**
> 티탄족 코이오스와 포이베의 딸이다. 제우스가 헤라를 아내로 맞이하기 전에 사랑을 나누어 아폴론과 아르테미스를 잉태했다.
> 헤라는 자신의 아이들보다 레토의 아이들이 더 위대하게 된다는 사실을 미리 알고 질투했다는 이야기도 있다.
> 레토는 로마 신화의 라토나에 해당한다.

치지 않으면서 육지와도 떨어진 땅이 생겨났습니다. 포세이돈은 아들 트리톤을 시켜 레토를 그 섬으로 데려왔습니다.

레토는 그곳에서 구 일 동안 진통을 겪었지만 아이가 태어나지 않았습니다. 헤라가 출산의 여신 에일레이티이아를 보내 주지 않았기 때문이지요.

여신들이 몰려와 레토를 보살폈지만 아무런 소용이 없었습니다. 여신들은 애가 타서 한마디씩 했습니다.

"에일레이티이아를 데려오려면 헤라 여신의 마음을 먼저 돌릴 수밖에 없는데……."

"우리가 가진 귀한 것들을 모아 여신의 마음을 달래 봅시다."

여러 여신이 저마다 몸에 지닌 보석들을 내놓았습니다. 아테나가 그것들을 엮어 목걸이로 만들고, 이리스가 헤라에게 들고 가서 여신들의 뜻을 전했습니다. 헤라가 마지못해 에일레이티이아를 보내 주었지요.

에일레이티이아가 레토의 배를 어루만지자 곧바로 딸이 태어났습니다. 그런데도 레토의 진통은 멈추지 않았습니다.

"놀라지 마세요. 쌍둥이가 태어날 거예요."

이번엔 아들이 태어났습니다. 이렇게 태어난 쌍둥이 신이 바로 아르테미스와 아폴론입니다.

제우스는 레토를 도와준 섬에 선물을 내렸습니다. 섬 아래에 거대한 흙기둥들을 세웠지요. 그제야 섬은 바다 위를 떠다니지 않고 에게 해 한곳에 자리 잡았습니다.

사람들은 그 섬을 델로스라고 불렀습니다. 델로스는 '빛나는 섬'이라는 뜻입니다. 이곳에서 태어난 아폴론이 나중에 헬리오스를 대신해 빛나는 태양신이 되었기에 붙여진 이름입니다.

레토는 아이들을 낳았지만 마땅히 기를 곳이 없었습니다. 사람들은 여전히 헤라가 두려워 레토를 피했기 때문이지요.

레토는 쌍둥이를 안고 헤매다 소아시아의 리키아 땅에 당도했습니다. 한 샘에 이르러 물을 마시려는데, 갑자기 돌멩이 한 개가 샘에 날아들었습니다.

"어디 거지 따위가 감히 우리 땅의 물을 마셔? 냉큼 꺼져!"

"왜죠? 이 물이 당신들 것인가요?"

레토의 출산

델로스 섬에서 레토가 아이를 낳고 있다. 레토는 출산의 여신과 다른 여신들의 도움을 받아 쌍둥이 신 아르테미스와 아폴론을 출산한다.

■ 디아나 기시, 〈레토의 아폴론과 아르테미스 출산〉, 판화.

레토가 당당하게 소리쳤지만 그들은 돌을 마구 던져 샘을 흙탕물로 만들었습니다. 여신은 억울하고 분해 하늘을 우러러 외쳤습니다.

"저토록 몰인정한 사람들에게 벌을 내려 주소서."

레토가 말을 마치자마자 사람들이 비명을 내질렀습니다. 그들은 몸이 아주 작아지더니 개구리로 변했지요. 제우스가 여신의 기도를 듣고 벌을 내린 거예요.

그 뒤 예언의 여신 테미스가 레토를 도왔습니다. 테미스는 쌍둥이 중에 하나가 자기처럼 예언의 신이 될 것을 미리 알았지요. 쌍둥이는 테미스의 궁전에서 신들의 음식을 먹으며 빠르게 자라났습니다.

테미스는 어느덧 청년이 된 아폴론을 대견하게 바라보았습니다. 아폴론은 얼굴이 잘생기고 몸이 재빨랐습니다.

하루는 테미스가 아폴론 앞에 황금 관을 내놓으며 말했습니다.

"그대의 아버지 제우스가 보낸 선물이에요. 그대의 지위를 높여 주려는 것이지요. 밖에 백마들이 끄는 마차도 있답니다."

아폴론은 황금 관을 들어 머리 위에 써 보았습니다.

"제우스는 그대가 세상의 중심을 손에 넣기 바랍니다. 나도 같은 생각이고요."

"세상의 중심이라니오?"

"옴팔로스가 있는 곳이 바로 세상의 중심이에요. 파르나소스 산 남쪽의 델포이에 세워져 있지요. 그런데 한 가지 걱정이……."

테미스가 말을 잇지 못하자 아폴론이 물었습니다.

"무슨 근심이라도 있으십니까?"

"델포이에 내 신전이 있는데 오래 버려 두어 낡을 대로 낡았어요. 게다가 피톤이라는 뱀이 신전을 차지한 채 행패를 부리고 있답니다."

"제가 당장 가 보겠습니다."

아폴론은 피톤이라는 말에 귀가 솔깃했습니다.

'드디어 어머니의 원수를 갚을 날이 왔구나.'

아폴론은 피톤이라면 이를 갈았습니다. 그는 백마들이 끄는 마차에 올라 재빨리 델포이로 날아갔지요.

피톤은 델포이 부근을 이미 쑥대밭으로 만들었습니다. 꼬리를 내리쳐 집을 무너뜨리고 가축과 사람을 마구 집어 삼켰습니다.

"오냐, 오늘이 네놈의 제삿날이 될 것이다."

아폴론은 마차 위에서 활시위를 당겼습니다. 첫 화살이 피톤의 정수리에 박혔습니다.

"크아악!"

피톤이 괴성을 지르며 주둥이를 벌리자 이빨 사이로 독이 뚝뚝 떨어졌습니다. 화살은 연이어 피톤의 갈라진 혀와 목을 꿰뚫었지요. 피톤은 고통에 몸부림치며 테미스의 신전을 향해 도망쳤습니다.

아폴론의 화살이 쉴 새 없이 피톤의 몸에 날아가 박혔습니다. 마침내 피톤이 숨을 거두었습니다. 아폴론의 화살집은 어느새 텅 비어 있었습니다.

'어휴, 그 많은 화살을 다 맞고서야 죽다니 여간한 놈이 아니야. 이런 괴물은 원한을 달래 줘야겠는걸.'

아폴론은 피톤을 옴팔로스 아래에 묻어 주고, 피톤의 영혼을 위로하는 경기 대회를 열었습니다. 사람들이 너도나도 몰려와 씨름과 달리기, 전차 경기를 펼쳤습니다. 이 대회를 피톤의 이름을 따서 '피티아 대회'라고 불렀습니다.

아폴론과 거대한 뱀 피톤

전설에 따르면 피톤은 대지의 여신인 가이아의 아들로, 아폴론에 앞서 델포이에 신탁소를 갖고 있었다고 한다.
델포이 신전의 신녀를 가리키는 피티아와 델포이에서 열린 피티아 제전은 모두 피톤에서 유래된 말이다.

■ 버질 솔리스, 〈피톤을 죽인 아폴론〉, 판화.

신탁을 전하는 피티아

사람들이 아폴론 신탁을 듣기 위해 신전에 모여 있다. 피티아가 앞에 서서 신의 음성에 귀 기울이고 있다.

■ 존 워터하우스, 〈아폴론 신탁〉

아폴론은 테미스의 신전을 이어받아 자신의 신전을 꾸몄습니다. 그러고는 신전을 지키며 자신의 신탁을 전해 줄 신녀들을 뽑았습니다. 신녀의 입을 통해 인간의 기도와 물음에 신이 대답하는 것을 신탁이라고 하지요. 특히 이곳의 신녀들을 '피티아'라고 불렀답니다.

피티아는 다리가 세 개인 삼각의자에 앉아 사람들에게 신탁을 내렸습니다. 아폴론의 신탁은 잘 들어맞기로 소문이 자자해서 많은 사람이 델포이로 몰려들었습니다.

올림포스 신들은 아폴론을 칭찬했습니다.

"아폴론은 앞날을 정확히 내다보는 데다 쏘는 화살마다 백발백중이니 부러울 따름입니다."

"누이 아르테미스의 활 솜씨도 그에 못지않다고 하던걸요."

제우스는 아폴론과 아르테미스를 올림포스로 불렀습니다. 쌍둥이 신은 능력을 인정받아 둘 다 올림포스 신이 되었습니다.

쌍둥이 신의 등장에 유독 이들을 시샘하는 신이 있었습니다. 바로 사랑의 신 에로스입니다. 그는 쌍둥이 신에게 질세라 틈만 나면 올림포스의 뜰에서 활 쏘기 연습을 했습니다.

어느 날 아폴론이 에로스를 보았습니다. 파닥파닥 날갯짓을 하며 작은 활을 날리고 있었지요. 아폴론이 크게 웃으며 말했습니다.

"푸하하, 그런 앙증맞은 활로 뭘 잡겠나?"

아폴론이 큰 활을 들어 활시위를 보란 듯이 튕기자 에로스의 얼굴이 새빨개졌습니다.

"흥, 내 화살에 맞고도 그런 소리가 나오는지 한번 볼까요?"

"모기의 침만큼이나 따끔하려나? 하하하."

아폴론의 비웃음에 에로스는 복수를 다짐했습니다. 그는 파르나소스 산으로 가는 아폴론의 뒤를 쫓았습니다.

에로스는 나무 위에 앉아 화살집에서 금 화살과 납 화살을 한 개씩 뽑았습니다. 에로스는 먼저 금 화살을 아폴론의 가슴에 쏘았습니다.

'어디 사랑의 불길이 얼마나 뜨거운지 맛 좀 봐라!'

금 화살이 아폴론의 가슴을 명중시켰습니다. 에로스는 그 자리를 떠나 그리스 북쪽 테살리아 땅으로 날아갔습니다. 테살리아를 흐르는 강의 신 페네이오스의 집을 찾았지요.

페네이오스의 딸들은 강가에 옹기종기 모여 이야기를 나누고 있었습니다. 그들은 모두 강의 요정입니다. 그중에 다프네라는 딸이 가장 아름다웠지요. 에로스는 다프네의 가슴에 납 화살을 쏘았습니다.

'미안하지만 너는 앞으로 사랑을 끔찍히 싫어하게 될 거야.'

그때부터 다프네는 사랑에는 전혀 관심을 두지 않고 하루 종일 숲에서 사냥을 하며 지냈습니다.

얼마 뒤 아폴론은 테살리아에 갔다가 우연히 다프네를 보았습니다. 다프네는 허름한 사냥꾼 차림새였지만 아폴론은 그녀에게 첫눈에 반했지요.

"이봐요, 요정 아가씨!"

아폴론이 다프네를 부르며 다가갔습니다. 그러자 다프네가 화들짝 놀라 달아났습니다.

"난 나쁜 이가 아니오. 도망치지 말아요."

에로스의 두 화살

에로스는 사랑의 신이다. 그에게는 금 화살과 납 화살이 있는데 금 화살을 맞은 이는 처음 본 이를 사랑하게 되고 납 화살을 맞은 이는 처음 본 이를 싫어하게 된다.
이것은 신에게도 예외가 아니었다.

■ 파르미자니노, 〈활을 깎는 큐피드〉

월계수
지중해 주변에서 많이 자란다. 잎은 짙은 초록색으로 향기가 좋아 주로 향료로 쓰인다. 그리스 사람들은 월계수를 귀하게 여겨 올림픽 경기에서 우승한 사람에게 월계관을 씌웠다.

"대체 누군데 저를 따라오는 거죠?"

"난 제우스의 아들 아폴론이오. 제발 걸음을 멈추시오."

아폴론의 말이 다프네의 귀에 닿지 못하고 흩어졌습니다. 다프네는 따라오는 남자가 마치 괴물처럼 여겨졌습니다.

다프네는 온 힘을 다해 뛰었지만 어느새 아폴론이 바짝 뒤따라 왔습니다. 아폴론의 손이 다프네의 옷자락에 닿으려는 순간, 다프네가 간절히 외쳤습니다.

"아버지, 도와주세요. 저를 지켜 주세요."

그러자 그녀의 머리카락이 갑자기 나뭇잎으로 변했습니다. 그녀의 몸은 줄기가 되고 팔은 가지가 되었습니다. 다리가 뿌리로 변하면서 그 자리에 우뚝 멈춰 섰습니다.

아폴론이 다프네를 잡았을 때 그녀는 이미 한 그루의 월계수로 변해 있었습니다. 월계수에는 아직도 온기가 남아 있었지요.

"이럴 수가! 내가 그대를 이렇게 만들었구려."

아폴론은 월계수를 오래도록 어루만지며 슬퍼했습니다.

"그대와 사랑을 나눌 수는 없지만 그대를 영원히 나의 나무로 삼겠소. 월계수는 승리의 영광을 나타내는 데 쓰일 것이오. 나도 언제나 그대와 함께하겠소."

월계수 가지가 마치 고개를 끄덕이듯 바람에 나부꼈습니다. 그때부터 아폴론은 월계수로 엮은 관을 만들어 쓰고, 화살집에는 월계수 가지를 꽂고 다녔습니다. 또한 월계수를 깎아 리라를 만들어 연주했지요.

아폴론이 아끼는 사람 가운데 다프네처럼 식물로

월계수로 변하는 다프네
아폴론의 손이 닿는 순간, 다프네는 손에서 나뭇잎이 자라고 발에서 뿌리가 생겨 월계수로 변한다.
■ 베르니니, 〈아폴론과 다프네〉, 조각.

변한 사람이 또 있습니다. 바로 히아킨토스라는 소년입니다.

히아킨토스는 스파르타 왕의 아들로 눈에 띄게 잘생겨 일찍부터 아폴론의 마음에 들었습니다. 아폴론은 그와 함께 사냥을 하고 운동 경기도 하며 어디든 그를 데리고 다녔지요.

어느 초여름날, 둘은 풀밭에서 원반던지기를 했습니다. 원반던지기는 땅에 그린 원 안에서 원반을 멀리 던져 승부를 가리는 경기이지요. 먼저 아폴론이 원반을 쥐고 자신 있게 말했습니다.

"내가 저 숲 너머로 원반을 날려 보마."

아폴론은 힘껏 원반을 던졌습니다. 원반이 공중으로 치솟자 히아킨토스가 원반을 주우러 숲으로 달려갔습니다. 그때 난데없이 거센 돌풍이 휘몰아쳐 원반이 히아킨토스 쪽으로 방향을 바꿨습니다.

"히아킨토스, 위험해. 어서 피해!"

아폴론이 소리쳤지만 때는 이미 늦었습니다. 원반은 바위 위에 떨어졌다가 높이 튀어 오르며 히아킨토스의 머리를 때렸습니다. 그는 비명도 지르지 못한 채 그대로 쓰러졌지요.

　아폴론이 달려가 히아킨토스를 안았습니다. 히아킨토스의 머리에서 피가 솟았습니다. 아폴론이 재빨리 약초를 뜯어 와 상처에 붙였지만 히아킨토스는 끝내 숨을 거두었습니다.
　"아아, 내 손으로 너를 죽이다니 이럴 순 없어!"
　아폴론은 소년을 안고 울부짖었습니다. 소년의 머리에서 흐르는 피가 땅속으로 스며들었습니다.
　"너는 비록 죽었지만 사람들이 널 영원히 기억하게

히아신스
초여름에 푸른색, 노란색, 자주색, 붉은색, 흰색 등의 향기 짙은 꽃이 핀다. 꽃말은 기억, 슬픈 사랑이다.
히아신스라는 이름은 히아킨토스의 영어식 표현으로 히아킨토스 신화에서 유래했다.

해 주마."

아폴론은 히아킨토스의 피가 스며든 땅을 손으로 쓰다듬었습니다. 그러자 땅에서 자주색 꽃이 피어났습니다. 그는 이 꽃을 히아킨토스라고 불렀습니다. 스파르타 사람들은 초여름이면 피어나는 그 꽃을 보며 죽은 히아킨토스를 떠올렸습니다.

"히아킨토스 왕자님께서 올해도 돌아오셨네."

"왕자님이 오실 때마다 우리가 다 함께 모여 반겨 드리면 어떻겠소?"

사람들은 해마다 히아킨토스가 필 때면 그를 기리는 경기 대회를 열었습니다. 이 대회를 히아킨토스 제전이라고 했지요.

한편, 올림포스에서는 신들의 잔치가 열렸습니다. 아테나가 신들을 둘러보며 다소곳이 말했습니다.

"제가 사슴 뼈로 피리를 만들었는데 이를 시험할 겸 한번 불어 보겠습니다."

신들이 박수를 치며 환영했습니다. 여신은 자신 있게 피리를 불었습니다. 양 볼을 부풀리고 눈까지 부릅뜬 채 있는 힘을 다했지요.

"오, 참으로 아름답소. 여신께 이런 솜씨까지 있는

줄 몰랐구려."

모두 아테나를 칭찬하는데 헤라와 아프로디테는 입을 손으로 가리고 쿡쿡 웃었습니다.

"두 분께선 왜 그리 웃으세요? 제 솜씨가 마땅치 않았나요?"

아테나가 의아한 듯 묻자 아프로디테가 얼른 손을 내저었습니다.

"아니에요. 정말 훌륭한 연주였어요."

아테나는 고개를 갸웃대면서도 더는 까닭을 묻지 않았습니다.

다음 날 아테나는 소아시아의 프리기아 땅에 갔습니다. 숲 속 개울가에서 잠시 쉬며 피리를 꺼내 불었지요. 그러다가 우연히 개울에 비친 자신의 얼굴을 보았습니다. 순간 여신은 피리를 입술에서 떼며 벌떡 일어났습니다.

'어제 두 여신이 내 우스꽝스러운 얼굴을 보고 히히덕댄 거로구나.'

여신은 부끄러워 얼굴을 붉히며 피리를 개울가에 냅다 던져 버렸습니다.

'이놈의 피리, 누가 주워서 불든 큰 화를 입게 될 것

이다.'

여신은 피리에 괜한 저주를 퍼붓고는 올림포스로 돌아갔습니다.

그 숲에 마르시아스라는 사티로스가 살았습니다. 마르시아스는 우연히 개울가를 지나다 아테나가 버린 피리를 주웠습니다. 그는 피리가 마음에 들어 틈만 나면 꺼내 불었습니다. 숲의 요정들과 목동들이 그의 피리 소리에 일손을 멈추고 귀를 기울였습니다. 그의 피리 소리는 아름답고 구슬퍼 듣는 이의 마음을 사로잡았지요.

마르시아스는 자신의 연주 솜씨가 어느 정도인지 궁금했습니다.

"내 피리 솜씨가 아폴론의 리라 연주보다 나을걸? 그와 실력을 한번 겨뤄 보고 싶군."

아폴론은 리라 연주라면 누구에게도 뒤지지 않는 음악의 신이기도 합니다. 예술의 여신들인 무사이도 아폴론을 따를 정도였지요. 그런 아폴론이 마르시아스의 소문을 들었습니다. 그는 무사이 여신들을 데리고 마르시아스를 찾아갔습니다.

"네가 나와 연주를 겨뤄 보고 싶다고 했느냐?"

"그렇습니다. 신께서 허락해 주신다면 큰 영광이겠습니다."

마르시아스의 당당한 모습에 아폴론은 몹시 자존심이 상했습니다.

"네가 지면 그 어떤 벌이라도 달게 받을 테냐?"

"네, 두렵지만 한번 도전해 보겠습니다."

"좋다. 네가 먼저 연주해 봐라."

어느새 요정들과 사티로스의 무리가 아폴론과 마르시아스를 빙 둘러쌌습니다. 마르시아스가 피리를 불자 여기저기서 감탄하는 소리가 흘러나왔습니다. 그들은 눈을 감고 피리 소리에 빠져들었습니다.

이제 아폴론의 차례가 되었습니다. 아폴론은 마르시아스의 솜씨에 속으로 감탄하며 리라를 들었습니다. 아폴론의 리라 연주도 훌륭했습니다. 아폴론의 연주가 계속될수록 나무와 풀들도 감동을 받아 그를 향해 몸을 기울였습니다.

둘의 연주가 모두 끝났지만 무사이 여신들도 누구의 연주가 더 나은지 쉽게 가리지 못했습니다. 그러자

요정과 어울리는 사티로스

사티로스는 숲 속에 사는 남자 요정이다. 윗몸은 사람과 비슷하고 다리와 이마에 난 뿔은 산양 또는 염소처럼 생겼다. 힘도 세고 재빠른 데다 요정들과 자주 어울려 노래하고 춤추었다. 또 갈대나 풀잎으로 만든 피리를 무척 잘 불었다고 전해진다.

■ 윌리앙 아돌프 부그로, 〈요정들과 사티로스〉

아폴론이 억지스런 제안을 했습니다.

"첫 대결은 무승부다. 이제 악기를 거꾸로 쥐고 연주해 보자."

아폴론은 아래위가 뒤바뀌게 리라를 쥐고 처음과 똑같이 연주했습니다. 마르시아스가 슬픈 얼굴을 하고 아폴론 앞에 무릎을 꿇었습니다.

"리라는 거꾸로 쥐고 연주할 수 있지만 피리는 그럴 수 없으니 제가 졌습니다."

아폴론이 연주를 멈추고 소리쳤습니다.

"마르시아스는 신에게 도전하는 무례를 범했으니 용서할 수 없다. 사티로스들은 마르시아스를 나무에 거꾸로 매달고 가죽을 벗겨라!"

아폴론의 명령에 구경꾼들이 새파랗게 질렸습니다. 사티로스들은 눈물을 흘리며 마르시아스의 가죽을 벗겼습니다.

마르시아스의 피가 땅에 떨어져 개울처럼 흘렀습니다. 그런데도 마르시아스는 태연했습니다.

"저는 신과 대결하는 영광을 누렸으니 죽어도 여한이 없습니다."

마르시아스는 이 말을 남기고 숨을 거두었습니다.

그때서야 아폴론은 억지를 부려 마르시아스를 이긴 자신이 부끄러웠습니다.

'내가 지금 무슨 짓을 했는가.'

아폴론은 깊이 뉘우치며 리라를 내던져 버렸습니다. 그러고는 마르시아스가 흘린 피를 강으로 만들었습니다.

'미안하오, 마르시아스. 강물이 되어 언제까지나 마음껏 노래하시오.'

이때부터 프리기아 땅에 생긴 강은 마치 노래를 부르듯 소리를 내며 흘렀습니다.

아폴론은 예언과 궁술, 의술과 음악, 시의 신입니다. 그는 재주가 많아서 때로 자만심에 빠지기도 했지만, 인간 세상에 많은 가르침을 주었지요.

제우스는 재능 많은 아폴론을 아꼈습니다. 그래서 헬리오스 대신 태양 마차를 몰게 했지요. 아폴론의 별명인 포이보스는 '빛나는 자'라는 뜻으로 그가 태양 마차를 모는 데서 생겨났습니다. 어쩌면 그의 재능이 밝은 태양처럼 빛나기에 그렇게 불렀는지도 모를 일입니다.

태양신 아폴론

아폴론이 월계관을 쓰고 눈부신 후광에 둘러싸인 모습이다. 이는 그가 태양신임을 나타내는 것이다. 호주를 제외한 4개의 대륙이 여성으로 의인화되어 있다.
아폴론은 궁술·음악·예언의 신으로도 널리 알려져 있다.

■ 조반니 바티스타 티에폴로, 〈아폴론과 네 대륙〉 부분.

신화 · 갤러리 3

신탁, 신에게 앞날을 묻다

고대 그리스 사람들은 중요한 일이 생길 때마다 신의 예언에 귀를 기울이곤 했습니다. 신전의 무녀들인 신녀가 신전에 머무르며 신의 뜻을 전달했지요. 이렇게 신이 신녀를 통해 뜻을 전달하는 것을 '신탁'이라고 합니다.

아폴론 신전의 신녀 피티아가 전하는 신탁은 가장 잘 들어맞기로 유명했습니다. 오이디푸스는 자신의 아버지를 죽이고 어머니와 결혼한다는 신탁을 들었으며, 영웅 페르세우스는 신탁 때문에 어머니와 함께 버림을 받기도 했습니다.

신탁의 내용은 대부분 시처럼 상징적으로 표현되었습니다. 그런 까닭에 그리스인들은 똑같은 신탁을 듣고도 자신이 원하는 대로 이해하는 경우가 많았다고 합니다.

▲ **신탁을 전하는 피티아**
피티아는 높다란 삼각의자에 앉아 신의 이야기에 귀 기울였다. 땅 밑에서 연기가 피어 올라 신성하면서도 황홀한 분위기를 만들어 낸다.
■ 존 콜리어, 〈델피의 예언자〉

▶ **아폴론 신전**
현재 델포이에 남아 있는 아폴론 신전 유적은 서기전 4세기에 지어진 것으로, 도리스식 기둥으로 되어 있다. 아폴론 신전에는 '너 자신을 알라' 등의 유명한 문구가 새겨져 있었다고 한다.

❶ 전차 경주
인기가 높았지만 전차가 뒤집히는 사고가 잦은 위험한 종목이었다.

❷ 멀리뛰기
더 먼 거리를 뛰기 위해 그림처럼 양팔에 무거운 도구를 들고 뛰었다.

❸ 원반던지기
신화에도 종종 등장할 만큼 오래전부터 펼쳐졌다.

❹ 육상 경기
인기가 많은 종목으로 경기장의 길이에 따라 다양한 거리를 달렸다.

그리스의 4대 운동 경기

고대 그리스의 도시 국가들은 서로 무역을 하며 관계를 맺기도 하고, 때로는 전쟁을 벌였습니다. 하지만 이때만큼은 도시 국가들이 전쟁을 멈추고 평화를 유지했습니다. 바로 운동 경기 대회를 펼칠 때였지요.

가장 큰 대회로는 올림피아 경기, 피티아 경기, 이스트미아 경기, 네메아 경기가 있었습니다. 그리스인들은 운동 경기를 통해 예술과 스포츠를 겨루며 평화와 단합을 이루었습니다.

대회 이름	주기	장소	수상	목적 및 의미
올림피아 경기	4년	올림피아 언덕	올리브 관	제우스를 위해 열림. 현대 올림픽의 기원이 됨.
피티아 경기	4년	델포이	월계관	아폴론을 위해 열림.
이스트미아 경기	2년	코린트	소나무 관	포세이돈을 위해 열림.
네메아 경기	2년	네메아	셀러리 화관	제우스를 위해 열림.

▲ 올림픽의 상징, 오륜기

고대 올림픽은 약 1,200년 동안 이어지다가 393년에 폐지되었다. 근대 올림픽이 1896년에 부활하면서 오늘날에 이르고 있다.
올림픽의 상징인 오륜기는 다섯 대륙의 화합과 전 세계 선수들의 만남을 의미한다.

[4장]
숲 속의 처녀 신
아르테미스

무더운 여름날이었어요.

보이오티아 땅의 한 숲에서 함성이 일었습니다. 아르테미스 여신과 요정들의 사냥이 한창이었지요.

그 숲은 삼나무가 울창하고 계곡이 깊어 사냥하기에 좋았습니다. 아르테미스는 자신을 시중드는 요정들 말고는 아무도 그곳에 들어올 수 없게 했습니다.

멀리 사슴 한 마리가 풀숲으로 몸을 숨겼습니다. 아르테미스가 나무 사이로 날쌔게 뛰면서 화살을 쏘았습니다.

"와, 사슴이 쓰러졌다!"

요정들이 우르르 몰려가 사슴을 끌고 왔습니다.

"헉헉! 여신님, 좀 쉬는 게 어때요?"

"그래, 오늘은 이만하고 동굴의 샘에서 목욕이나 하자꾸나."

골짜기 아래 계곡에는 커다란 바위 동굴이 있고, 그 안에서 차고 맑은 샘물이 솟아났습니다.

아르테미스는 화살집을 풀어 내려놓고 옷을 벗었습니다. 요정들도 옷을 벗고 샘으로 뛰어들었습니다. 동굴 속에서 여신과 요정들은 물을 끼얹으며 즐거운 시간을 보냈습니다.

그때 아르테미스가 있는 숲으로 몇몇 사람이 들어섰습니다. 그들은 악타이온이라는 청년이 이끄는 사냥꾼들이었지요. 악타이온은 보이오티아 땅에 테베 왕국을 세운 카드모스 왕의 손자입니다. 그가 동료들에게 말했습니다.

"오늘은 이쯤에서 돌아가는 게 어때? 사냥개들도 불러 모으자고."

"그런데 여긴 어디지? 처음 와 보는 곳인데……."

"내가 길을 찾아보고 올게."

악타이온은 혼자 골짜기를 따라 걸었습니다. 한참을 내려가니 계곡이 시작되고 그 안쪽에 바위 동굴이

뿔이 돋은 악타이온

악타이온은 보이오티아의 사냥꾼으로 아리스타이오스 신의 아들이다. 사냥을 하다가 우연히 아르테미스의 목욕 장면을 본 죄로 사슴이 되는 벌을 받는다.

■ 주세페 체사리, 〈다이아나와 악타이온〉 부분.

보였습니다.

'음, 동굴 안에 샘이 있으면 목이나 축일까?'

악타이온은 동굴로 성큼 들어섰습니다.

"아악! 누, 누구야?"

순간 요정들이 깜짝 놀라 소리를 꽥 질렀습니다. 그러고는 누가 먼저랄 것도 없이 여신을 빙 둘러쌌습니다. 악타이온은 놀란 눈으로 여신을 바라보았습니다.

"여기가 어디라고 함부로 들어오느냐? 게다가 감히 내 알몸을 보다니, 널 이대로 내버려 둘 수 없다!"

아르테미스의 얼굴이 분노로 일그러졌습니다. 여신이 악타이온의 얼굴에 물을 끼얹었습니다.

"자, 이제는 옷 벗은 나를 보았다고 사람들에게 떠들어도 좋다."

그의 얼굴에서 털이 나고 머리 위에서 뿔이 돋았습니다.

"으으으……."

악타이온이 말을 하려고 했지만 알 수 없는 소리만 새어 나왔습니다.

악타이온은 어느새 수사슴으로 변했습니다. 여신이 다시 물을 뿌리자 그는 동굴 밖으로 황급히 달아났습

사냥의 여신 아르테미스

아르테미스는 숲과 사냥의 여신으로 널리 알려져 있다. 사냥을 좋아해서 올림포스보다는 주로 숲에 머물렀다.
또 결혼을 하지 않고 처녀로 살아서 순결의 여신으로 불리기도 했다.
로마 신화의 디아나에 해당하며, 영어로는 다이아나라고 불린다.

■ 2세기, 조각.

니다.

악타이온은 물에 비친 자신의 모습을 보고 당황해서 어쩔 줄 몰랐습니다. 그는 눈물을 흘리며 숲 속을 달렸습니다.

'이런 모습으로 집에 갈 수도 없고, 이제 어찌한단 말이냐.'

그때 개들이 짖는 소리가 들렸습니다. 바로 그가 키우고 훈련시킨 사냥개들이었지요. 개들은 악타이온을 쫓아와 으르렁거리며 달려들었습니다.

'얘들아, 나다! 너희 주인이란 말이다!'

악타이온은 소리를 질렀지만 그의 입에서 나오는 것은 사슴의 울부짖음뿐이었어요. 그는 하는 수 없이 재빨리 달아났습니다. 하지만 사냥개 수십 마리를 당해 낼 수는 없었지요.

커다란 개가 그의 목덜미를 꽉 물었습니다. 다른 개들은 그의 다리며 등과 배를 사정없이 물고 늘어졌습니다.

악타이온은 피를 흘리며 발버둥 쳤습니다. 사냥개를 부추기며 함께 쫓아온 친구들이 자신을 내려다보며 웃었지요. 악타이온은 슬픈 눈으로 그들을 바라보

요정들을 이끈 아르테미스

아르테미스는 자신을 따르는 요정들이 순결을 잃으면 엄한 벌을 내렸다.
요정 칼리스토는 제우스의 눈에 띄어 아이를 임신했다. 이 때문에 칼리스토는 아르테미스의 무리에서 내쫓긴 뒤, 헤라의 저주를 받아 곰이 되었다. 칼리스토와 그의 아들은 나중에 큰곰자리와 작은곰자리가 된다. 그림은 아르테미스가 임신한 칼리스토를 내치는 장면이다.

■ 베첼리오 티치아노, 〈디아나와 칼리스토〉

다가 마침내 숨을 거두었습니다.

아르테미스는 사냥을 무척 좋아해서 숲을 터전으로 삼았습니다. 동물의 번식을 돕고 숲을 지켜 주기도 했지요. 그래서 숲과 사냥의 여신으로 불렸습니다.

아르테미스는 쌍둥이 남매인 아폴론과는 달랐습니다. 아폴론이 태양처럼 빛나는 활약을 한 반면에 아르테미스는 달처럼 조용히 살고 싶어 했습니다.

제우스는 그런 아르테미스에게 셀레네를 대신해 달의 은 수레를 몰게 했습니다. 아르테미스는 밤이면 은 수레를 몰고 아침이면 숲으로 돌아왔습니다.

아르테미스의 활 솜씨는 아폴론에 못지 않았습니다. 또 어머니 레토에게 효성이 지극한 것도 아폴론과 비슷했지요.

한때 테베 왕국은 쌍둥이 형제인 암피온과 제토스가 다스렸습니다. 이들 형제는 제우스와 인간 안티오페 사이에서 태어난 용감한 전사들입니다.

암피온은 리라 연주 솜씨가 뛰어났습니다. 사람뿐 아니라 사물들에게도 영향을 미칠 정도였지요.

하루는 일꾼들이 힘겹게 성벽을 쌓고 있는데, 암피온이 리라를 들고 나타났습니다.

"이제부터 나 혼자서 할 테니 모두들 좀 쉬어라."

일꾼들이 하나같이 어리둥절해하는데 암피온은 태평하게 리라를 연주했습니다.

그 순간 놀랍게도 돌들이 꿈틀꿈틀 움직였습니다. 돌들은 리라 소리에 맞춰 땅을 구르고 공중으로 떠올랐습니다. 돌들은 그렇게 차곡차곡 쌓이며 성벽이 되었지요.

암피온의 아내 니오베는 잘난 체하고 뽐내기를 좋아했습니다.

"아르테미스와 아폴론이 잘났다지만 우리 집안도 뒤질 게 없어. 내 남편이 리라 연주로 성벽을 쌓는 걸 모두 보았겠지? 더구나 남편은 제우스 신의 아들이고 나의 외할아버지는 아틀라스이니 우리 집안은 신의 집안이라고!"

니오베에게는 열넷이나 되는 아들딸도 큰 자랑거리였습니다. 아들이 일곱에 딸이 일곱인데 모두 잘생긴 데다 재주가 많았지요.

"난 레토보다 더 행복한 사람이야. 레토에게는 겨우 쌍둥이 남매뿐이잖아. 내 자식은 열넷이나 되고 못하는 게 없거든."

니오베의 자만심은 하늘을 찌를 듯했습니다.

어느 날 그녀가 레토의 신전을 지나다가 향을 피우며 기도하는 여자들을 보았습니다. 니오베가 그들에게 꽥 소리쳤습니다.

"당장 그만둬! 신의 자손이자 왕비인 나를 섬기지는 못할지언정 저 따위 신을 섬기다니 한심하구나. 다들 썩 물러가라."

여자들은 니오베가 두려워 슬금슬금 자리를 피했습니다. 레토가 하늘에서 이를 보고 아폴론과 아르테미스를 불렀습니다.

"내가 헤라 여신에게 그토록 시달림을 받았거늘 이제 사람마저 날 무시하는구나. 내가 이런 수모를 당해야 하겠느냐?"

레토가 눈물로 호소하자 아르테미스가 자리를 박차고 일어났습니다.

"그 여자의 눈에서 피눈물이 흐르게 해 주겠어요."

아폴론도 아르테미스를 따라나섰습니다. 남매는 모습을 감춘 채 테베의 성 위를 날며 니오베의 아들딸들을 찾았습니다.

먼저 니오베의 아들들이 아폴론의 화살에 맞고 하

활 솜씨가 뛰어난 쌍둥이 신
아폴론과 아르테미스는 레토와 제우스 사이에서 태어난 쌍둥이 남매이다. 둘 다 활 솜씨가 무척 뛰어났다.
■ 서기전 4세기 무렵, 술잔.

나둘 쓰러졌습니다. 니오베의 딸들은 오빠와 남동생의 주검 앞에서 울다가 아르테미스의 화살에 맞아 차례로 숨을 거두었지요.

니오베가 달려 나와 막내딸을 감싸며 하늘을 향해 외쳤습니다.

"레토 여신이여, 당신이 이겼으니 부디 이 아이만이라도 살려 주세요!"

니오베의 외침이 채 끝나기도 전에 막내딸은 이미 숨졌습니다.

"어찌 이럴 수가 있단 말이냐! 이럴 수가!"

니오베는 죽은 아들딸들 사이에서 미친 듯이 울부짖었습니다. 그녀의 남편 암피온은 뒤늦게 이 사실을 알고 슬픔을 견딜 수 없어 칼로 제 가슴을 찔렀지요.

니오베는 울면서 온 땅을 헤매고 다녔습니다. 그녀는 그리스 반도를 떠나 자신의 고향인 소아시아의 리디아 땅까지 갔습니다. 그녀는 그곳에서도 넋이 나간 채 하염없이 눈물을 흘렸습니다.

올림포스 신들은 니오베를 불쌍히 여겨 그녀의 죽은 아들딸들을 장사 지내 주었습니다. 그러고는 니오베의 슬픔을 그치게 해 주려고 그녀를 바위로 만들었습니다.

아르테미스의 활시위를 떠난 화살은 빗나가는 법이 없었습니다. 그 때문에 자신을 깊은 슬픔으로 몰아넣은 일도 있었지요.

보이오티아 땅에 오리온이라는 거인 사냥꾼이 살았습니다. 그는 히리아 왕국을 세운 히리에우스 왕의 아들로 몸집이 무척 컸습니다.

오리온은 사냥을 좋아해서 사자 가죽옷에 활과 방망이만 지닌 채 세상을 누볐습니다. 그는 물 위를 걸을 수 있기에 가지 못할 곳이 없었지요. 그는 육지에서 섬으로, 또 섬에서 섬으로 걸어 다녔습니다.

하루는 오리온이 크레타의 한 숲에 이르러 사냥감을 찾다가 아르테미스와 마주쳤습니다.

"웬 놈이냐?"

아르테미스가 큰 삼나무 앞에서 외쳤습니다. 순간 오리온이 활을 들더니 여신을 향해 화살을 날렸습니다. 여신이 놀라서 공중으로 뛰어오르자 화살은 삼나무 줄기에 박혔습니다.

"저놈이 감히 내게 화살을……."

여신이 화살을 시위에 걸며 땅으로 내려섰습니다. 그런데 삼나무에 박힌 화살은 커다란 독사의 머리를 꿰뚫고 있었습니다.

"활 솜씨가 제법인걸. 넌 누구냐?"

"난 히리아 왕국의 왕자 오리온이다."

"하하하, 네가 바로 아버지의 오줌에서 태어났다는 그 자로구나."

"당신이 누군데 날 알지?"

아르테미스는 대답 대신 손가락으로 오리온의 머리 위를 가리켰습니다. 하늘 높이 까마귀 한 마리가 날았습니다.

오리온이 고개를 젖히고 쳐다보는데 갑자기 화살 하나가 까마귀의 목을 꿰뚫었습니다. 아르테미스가 날린 화살이었지요.

"오, 당신은 혹 아르테미스 여신 아닙니까?"

"이제야 날 알아보겠느냐?"

아르테미스가 활짝 웃자 오리온도 따라 웃었습니다. 여신은 늠름한 오리온이 마음에 들었습니다.

그날부터 아르테미스와 오리온은 숲을 옮겨 다니며 함께 사냥을 했습니다. 둘은 활 솜씨를 겨루느라 시간 가는 줄 몰랐지요.

오리온은 때때로 여신에게 넓은 어깨를 빌려 주었

오줌에서 태어난 오리온

히리아의 왕 히리에우스는 제우스에게 아들을 달라고 청했다. 제우스는 히리에우스에게 황소 가죽 위에 오줌을 눈 다음 그 가죽을 고운 흙 속에 묻어 두라고 했다. 아홉 달이 지나자 그 속에서 사내아이가 태어났는데, 그가 바로 오리온이다. 제우스는 오리온에게 큰 키와 빼어난 활 솜씨를, 포세이돈은 물 위를 걸어 다니는 능력을 주었다.

습니다. 여신은 그의 어깨 위에 서서 온 숲을 내려다보며 사냥감을 찾았지요. 둘의 모습은 누가 봐도 다정한 연인처럼 보였습니다.

아르테미스와 오리온의 소문이 널리 퍼져 나갔습니다. 아폴론은 그 소문을 듣고 화가 났습니다.

'하필 누이는 왜 오줌에서 태어난 이상한 사람과 사귀는 거야?'

아폴론은 오리온이 누이의 짝으로 마음에 들지 않았습니다. 그래서 오리온을 없앨 기회를 엿보았지요.

어느 날 오리온이 바다 위를 걷고 있었습니다. 아폴론이 이때를 놓칠세라 누이가 있는 숲으로 내려갔습니다.

"나와 오랜만에 활 솜씨나 겨뤄 볼까?"

"좋아. 그동안 숲에서 갈고닦은 솜씨를 보여 주지."

아폴론은 누이를 바닷가 모래밭으로 이끌었습니다. 그가 손가락으로 오리온을 가리켰습니다. 오리온은 너무 멀리 있어서 까만 점으로 보였습니다.

"저기 바다 위에 움직이는 게 보이지?"

"저게 뭔데?"

"글쎄, 아무튼 아무리 솜씨가 좋아도 저렇게 멀리

있는 건 맞히지 못할걸."

"무슨 소리! 잘 보기나 해."

아르테미스는 활시위를 힘껏 당겼다 놓았습니다. 화살은 "쉬이익!" 소리를 내며 날아갔습니다. 잠시 뒤에 바다 위에서 움직이던 까만 점이 사라졌지요.

여신은 자기가 맞힌 게 뭔지 보려고 바다 위로 날았습니다. 여신은 가까이 가서 보고 비명을 질렀습니다. 오리온이 심장에 화살을 맞은 채 바다 위에 떠 있었습니다.

"아아, 오리온! 오리온!"

여신은 오리온의 머리를 끌어안고 흐느꼈습니다. 자신이 그토록 자랑스러워하던 활 솜씨가 한없이 원망스러웠지요.

여신은 제우스에게 부탁해서 오리온을 하늘의 별자리로 만들었습니다. 그는 한 손에 몽둥이를 들고 한 손에 짐승을 든 모습으로 하늘에 자리 잡았습니다. 우리가 밤하늘에서 보는 오리온 별자리가 바로 그것이지요.

그 뒤 아르테미스는 누구에게도 마음을 열지 않고 처녀 신으로 살았습니다.

> **가장 밝은 오리온자리**
>
> 오리온자리는 겨울밤에 볼 수 있는 대표적인 별자리이다. 우리나라에서 볼 수 있는 수많은 별자리 가운데 유일하게 가장 밝은 일등성을 두 개나 갖고 있다.
> 전설에 따르면 오리온의 죽음을 슬퍼한 아르테미스가 제우스에게 청해 오리온을 하늘의 별자리로 만든 것으로 전해진다.

신화에서 나와 하늘의 별이 되다

항성인 태양과 달, 지구를 포함한 행성들은 언제나 같은 길, 즉 열두 개의 별자리 앞을 지나갑니다. 이 열두 개의 별자리가 바로 '황도 12궁'입니다. 이 별자리들의 이름은 모두 그리스 로마 신화에서 유래되어 지어졌답니다.

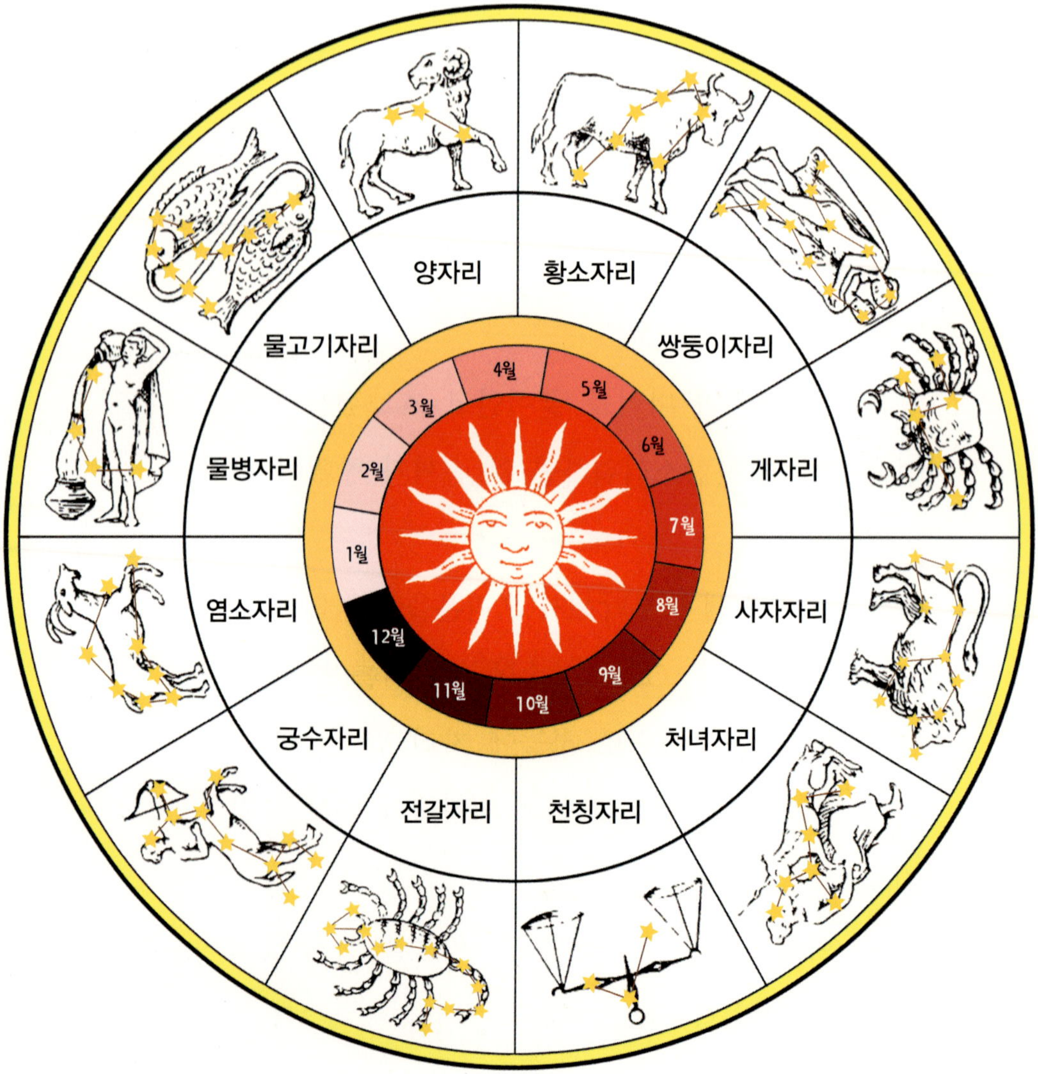

물병자리
제우스에게 납치되어 올림포스 신들에게 술 따르는 일을 한 가니메데스를 기리는 별자리.

물고기자리
아프로디테와 에로스가 괴물 티폰을 피해 물고기로 변했을 때의 모습을 본뜬 별자리.

양자리
프릭소스가 자신을 콜키스로 데려다 준 황금 양을 제우스에게 바침으로써 만들어진 별자리.

황소자리
제우스가 에우로페에게 접근하려고 변신했던 황소의 모습을 본뜬 별자리.

쌍둥이자리
제우스가 자신의 쌍둥이 아들이 늘 함께 있을 수 있도록 만들어 준 별자리.

게자리
헤라클레스를 해치려고 갔다가 밟혀서 죽은 게를 기리는 별자리.

사자자리
네메아에 사는 사나운 사자를 때려잡은 헤라클레스를 위한 별자리.

처녀자리
일 년의 반을 지하 세계에서 사는 페르세포네가 봄마다 지상으로 나오는 것을 나타내는 별자리.

천칭자리
법과 정의의 여신인 테미스가 지닌 저울을 상징하는 별자리.

전갈자리
아폴론이 사냥꾼 오리온을 해치기 위해 보냈던 전갈을 기리는 별자리.

궁수자리
켄타우로스 중 가장 지혜로운 케이론을 기념하는 별자리.

염소자리
목축의 신 판이 괴물 티폰을 피해 나일 강에 뛰어들었을 때의 모습 본뜬 별자리.

◀ 이야기가 있는 별자리
서기전 3천 년 전 바빌로니아 부근에서 처음 만들어진 별자리가 고대 그리스로 이어져 신화 속의 신과 영웅, 동물들의 이름으로 불리게 되었다.
■ 17세기, 네덜란드의 별자리판.

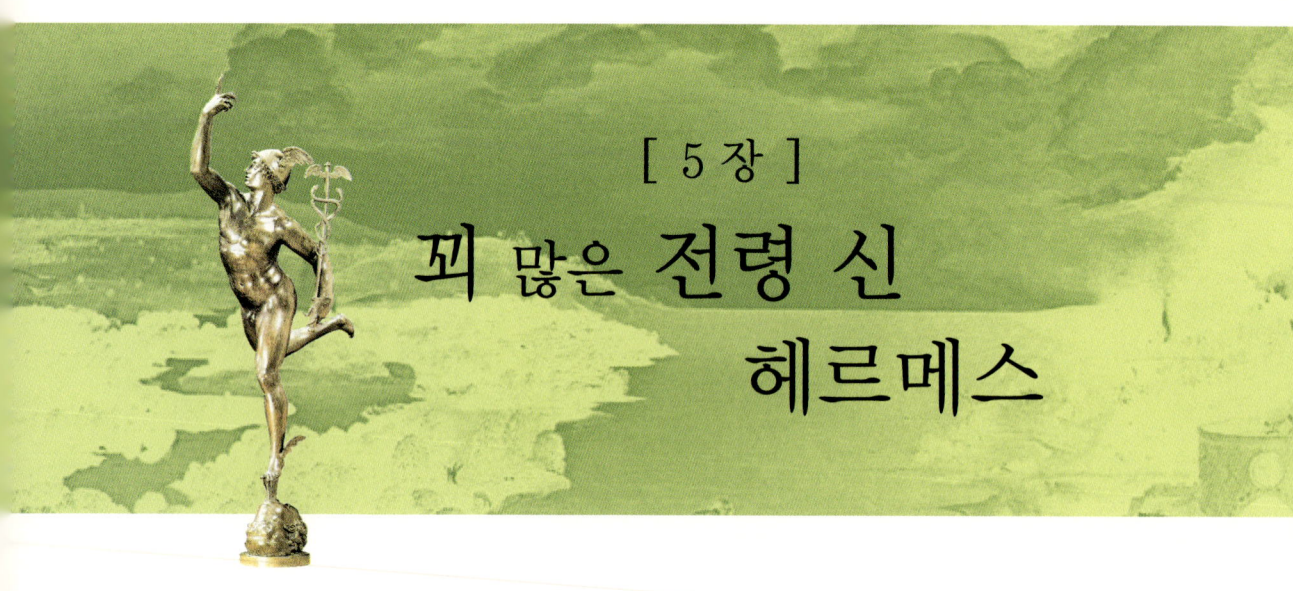

[5장]
꾀 많은 전령 신
헤르메스

모두가 깊이 잠든 새벽녘, 킬레네 산의 한 동굴에서 헤르메스가 태어났습니다. 동굴의 요정 마이아가 제우스와 사랑을 나눠 낳은 아들이지요.

마이아는 아이의 울음소리가 새어 나갈세라 동굴 입구를 천으로 겹겹이 가렸습니다. 그러고는 아이를 꼭 안고 토닥토닥 달랬지요. 헤라가 눈치채면 레토에게 한 것처럼 자신을 괴롭힐까 봐 두려웠거든요.

마이아는 잠든 아이를 요람에 누이고 금세 곯아떨어졌습니다. 그사이, 갓 태어난 헤르메스가 눈을 반짝 떴습니다. 그러더니 포대기를 젖히고 혼자 힘으로 요람에서 걸어 나왔습니다. 놀랍게도 헤르메스는 눈에 띄게 쑥쑥 자랐지요.

헤르메스는 동굴 입구를 가린 천을 헤치고 밖으로 나갔습니다. 때마침 그의 발아래에 거북 한 마리가 기어갔습니다.

'어라? 나중에 쓸모가 있겠는걸.'

헤르메스는 거북을 잡더니 등딱지를 떼어 동굴 안으로 던졌습니다. 그러고 나서 그는 무작정 걷기 시작했습니다. 걸음이 얼마나 빠른지 마치 나는 듯했지요.

헤르메스는 순식간에 펠로폰네소스 반도를 벗어나 그리스 북쪽 테살리아 땅에 다다랐습니다. 넓은 들판에서 소들이 한가롭게 풀을 뜯고 있었습니다.

'이곳의 소들이 윤기 나고 튼튼해 보이는군.'

헤르메스는 소를 갖고 싶었습니다. 마침 소를 돌보는 이가 보이지 않자, 그는 풀을 꼬아 미투리를 만들더니 발에 거꾸로 신었습니다. 그러고는 소 여러 마리를 골라 꼬리를 잡고 뒤로 걷게 하여 끌고 갔습니다.

그 소들은 아폴론이 잠시 땅에 내려와서 돌보던 것입니다. 아폴론은 제우스가 내린 벌로 목동 노릇을 하던 참이었지요.

아폴론의 아들 아스클레피오스는 의술이 뛰어나 죽

> **동굴의 요정 마이아**
>
> 마이아는 티탄 신 아틀라스의 딸이다. 마이아라는 이름은 '어머니' 또는 '유모'라는 뜻이다.
> 마이아에게 반한 제우스는 킬레네 산의 동굴로 찾아가 그녀와 사랑을 나누었다.
> 5월을 뜻하는 영어인 메이(May)는 마이아에서 유래되었다.

은 인간을 살려 낸 일이 있었습니다. 그러자 신들이 분노를 터뜨렸습니다.

"이럴 수는 없습니다! 지하 세계의 왕조차 함부로 할 수 없는 법을 어겼으니 그에게 벌을 주어야 마땅합니다."

결국 아스클레피오스는 제우스의 벼락을 맞고 숨졌습니다. 아폴론은 그 앙갚음으로 벼락을 만든 키클롭스를 활로 쏘아 죽였지요.

그 바람에 아폴론은 일 년 동안 테살리아 왕의 목동이 되어 소를 돌보아야 했습니다.

아폴론은 소를 도둑맞은 것을 알고 풀밭에 난 발자국을 살폈습니다. 그런데 신기하게도 풀밭으로 들어온 발자국밖에 없었습니다.

"허허, 도둑놈이 잔꾀를 부렸군. 이런다고 발자국이 남지 않을 줄 알았느냐? 어리석은 놈!"

아폴론은 거꾸로 난 발자국을 따라갔습니다.

그때 헤르메스는 이미 킬레네 산으로 들어선 뒤였습니다. 그는 동굴 쪽으로 소들을 몰고 가다가 바위 위에 앉아 있는 사람을 보았습니다. 바토스라는 노인이었지요.

의술의 신 아스클레피오스
아스클레피오스는 뱀이 똬리를 튼 지팡이와 함께 표현되었는데, 이것은 뱀이 약초를 잘 찾아내는 데다가 허물을 벗음으로써 병이 낫는 것으로 여겨졌기 때문이다.
고대 그리스인들은 아스클레피오스 신전에서 하룻밤을 보내면 병이 낫는다고 믿었다.
■ 서기전 4세기, 조각.

'저 노인이 날 봤으니 입을 막아 둬야겠어.'

헤르메스가 바토스에게 말을 건넸습니다.

"할아버지, 누가 절 봤냐고 물으면 모른다고 해 주세요. 그러면 제가 소를 한 마리 드릴게요."

바토스는 웃으며 자기가 앉아 있는 바위를 가리켰습니다.

"얘야, 걱정 마라. 내 입은 이 바위보다 무겁단다. 내가 약속을 어기면 바위가 되어도 좋아."

헤르메스는 소 한 마리를 바토스에게 주고 다시 걸었습니다. 그는 강을 건너 소 두 마리를 잡아 올림포스 신에게 제물로 바치고 창자만 챙겼습니다. 남은 소들은 강가 숲에 숨기고 미투리는 강물에 버렸지요.

헤르메스는 어머니가 있는 동굴로 돌아와 거북 등딱지를 씻었습니다. 그 등딱지에 막대를 꽂고 가늘게 늘인 소의 창자를 여러 줄 연결했습니다. 그가 줄을 튕기자 아름다운 소리가 났습니다.

이렇게 만들어진 악기가 바로 리라입니다. 고대 그리스인들은 리라를 무척 아껴 노래하거나 춤을 출 때, 시를 읊을 때도 리라 연주를 곁들였지요.

마이아는 여전히 잠들어 있었습니다. 헤르메스는

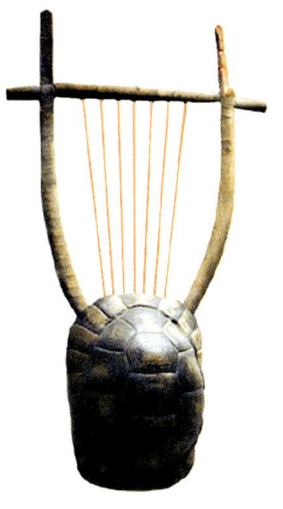

거북 등딱지로 만든 리라

리라는 줄을 튕겨 음을 내던 현악기로 오늘날의 하프로 발전했다.
고대 그리스에서는 거북의 등딱지에 쇠뿔로 버팀대를 세우고, 소나 양의 창자를 가늘게 늘여 묶은 줄을 손가락이나 손톱으로 튕기며 연주했다.

리라를 숨긴 뒤 요람 안으로 들어가 아무 일도 없었다는 듯 쿨쿨 잠을 잤습니다.

한편 아폴론은 거꾸로 난 발자국을 따라 킬레네 산까지 쫓아왔습니다. 강가에 이르자 발자국은 더 이상 보이지 않았습니다. 마침 그는 바토스를 보았습니다.

"혹시 이리로 소들을 몰고 온 사람을 보았소?"

"글쎄……."

바토스는 고개를 갸웃거렸습니다.

"내 소들을 도둑맞았소. 노인장 덕분에 찾으면 소 두 마리를 드리겠소."

"암, 봤고말고. 갓난아이처럼 작은 녀석이 소를 끌

고 저쪽으로 갔다오."

바토스는 얼른 산속을 가리켰습니다.

아폴론은 킬레네 산을 샅샅이 뒤져 마이아의 동굴을 찾아냈습니다. 잠에서 깬 마이아가 아폴론을 알아보고 화들짝 놀랐습니다. 헤르메스는 어느새 소년만큼 자란 채 잠들어 있었지요.

아폴론은 헤르메스가 제우스의 아들이라는 것을 금세 알아채고 호통을 쳤습니다.

"당장 일어나라! 감히 이 아폴론이 기르는 소를 훔쳐 가?"

아폴론이 헤르메스를 억지로 흔들어 깨웠습니다. 헤르메스는 눈을 반쯤 뜨더니 어리둥절한 표정을 지었습니다.

"네? 전 무슨 소리인지 도통 모르겠습니다."

"이놈, 네가 한 짓이란 걸 다 알고 왔다. 지금이라도 소를 내놓으면 용서해 주마."

아폴론이 어르고 달래도 헤르메스는 끝내 시치미를 뗐습니다.

"전 아니라니까요."

"이대로는 안 되겠다. 제우스께 가서 따져 보자."

> **킬레네 산**
> 그리스의 펠로폰네소스 반도 한가운데 아르카디아 땅에 있다.
> 아르카디아에서는 오래전부터 헤르메스를 숭배했다. 헤르메스는 킬레네 산에서 태어났기 때문에 '헤르메스 킬레네이우스'라 불리기도 한다.

헤르메스는 리라를 챙겨 들고 아폴론을 따라나섰습니다.

제우스는 아폴론의 설명을 들으며 빙그레 웃었습니다. 제우스는 꾀 많고 부지런한 헤르메스가 마음에 들었지요. 제우스가 헤르메스를 타일렀습니다.

"얘야, 장난 그만 치고 아폴론에게 소를 돌려 줘라. 그리고 내 심부름꾼으로 여기 올림포스에서 지내라."

"네, 그렇게 하겠습니다."

헤르메스는 순순히 대답하고 아폴론과 함께 물러났습니다.

헤르메스는 소들을 숨겨 놓은 숲으로 가면서 리라를 연주했습니다. 아폴론은 리라의 아름다운 소리에 마음을 빼앗겼지요.

"세상에, 어찌 저리도 아름다운 소리가 날까?"

아폴론은 리라가 몹시 탐났습니다. 헤르메스가 이를 짐작하고 아폴론에게 넌지시 말했습니다.

"이 리라를 제가 훔친 소들과 바꾸시겠습니까?"

아폴론은 기다렸다는 듯 고개를 끄덕였습니다. 헤르메스는 리라를 건네면서 언제 훔쳤는지 아폴론의 활과 화살집까지 내놓았습니다.

아폴론과 리라
아폴론은 리라 연주 솜씨가 무척 뛰어났다. 음악의 신답게 리라를 들고 있는 모습으로 자주 표현되었다.
■ 서기전 5세기 무렵, 술잔.

"넌 물건 훔치는 재주를 타고났구나."

"아까 슬쩍했는데 전혀 모르시더군요."

"내가 졌다, 내가 졌어."

아폴론은 기분 좋게 껄껄 웃었습니다.

올림포스에 다녀오는 동안 헤르메스는 벌써 청년으로 자랐습니다.

다음 날 아침, 헤르메스는 숲에 숨겨 둔 소들을 데리러 갔습니다. 바토스는 여전히 그 바위에 앉아 있었지요.

"노인장, 어제 강가로 소를 몰고 가는 어린애를 보지 못했소? 내가 소들을 도둑맞아서 찾고 있습니다."

"어허, 어제도 어떤 이가 똑같은 말을 하던데?"

"내가 진짜 주인이오. 노인장 덕분에 찾으면 소 세 마리를 드리지요."

순간 바토스의 귀가 번쩍 뜨였습니다.

"아, 실은 어제 보았다네. 저 강을 건너 갔다오."

헤르메스가 바토스를 무섭게 노려보았습니다.

"오냐, 나와의 약속을 어기면 바위가 되어도 좋다고 했지?"

헤르메스가 말을 끝내자마자 바토스의 몸은 다리부

터 굳어지더니 바위로 변했습니다.

아폴론은 헤르메스를 동생으로 받아들여 가깝게 지냈습니다. 헤르메스는 음악을 좋아하는 아폴론에게 풀피리 만드는 법을 알려 주었지요.

아폴론은 이에 대한 보답으로 헤르메스에게 돌멩이로 점치는 법을 가르쳐 주고, 소를 몰 때 쓰던 황금 지팡이도 주었습니다.

어느 날 헤르메스는 소를 몰고 가다 풀밭에서 뱀을 보았습니다. 커다란 뱀 두 마리가 서로 물어뜯으며 맹렬히 싸웠지요. 그가 황금 지팡이를 뱀들에게 던지자, 뱀들은 지팡이가 상대편인 줄 알고 친친 감았습니다. 그때 헤르메스가 지팡이에 손을 갖다 댔습니다. 뱀들이 순식간에 황금으로 변하며 단단하게 굳었지요.

"우아, 이것 참 멋지군."

헤르메스는 지팡이 꼭대기에 황금으로 독수리 날개 조각을 만들어 달고는 이 지팡이를 케리케이온이라고 불렀습니다. 케리케이온이 이마에 닿으면 누구나 깊은 잠에 빠졌지요.

제우스는 전령의 신이 된 헤르메스에게 날개 달린 모자와 신발을 주었습니다. 대장장이의 신 헤파이스

황금 지팡이 케리케이온

아폴론이 헤르메스에게 선물한 케리케이온은 '전령의 지팡이'라는 뜻이다.
신문의 이름에 전령을 뜻하는 영어 헤럴드(herald)가 자주 쓰이는 것은 신문이 독자들에게 사건을 알려 주는 일종의 전령이기 때문이다.

토스가 만든 물건들이지요.

"이 모자를 쓰고, 이 신발을 신으면 세상에서 가장 빠른 이가 될 것이다."

그 덕분에 헤르메스는 세상 어디라도 눈 깜짝할 새에 다녀올 수 있었습니다. 죽음의 신 타나토스와 함께 죽은 이들을 지하 세계로 데려가기도 했지요.

신들은 꾀 많고 붙임성 좋은 헤르메스를 좋아했습니다. 그는 헤라를 처음 보자마자 어머니라고 부르며 따랐지요. 질투심이 많은 헤라조차 헤르메스를 자기 아들처럼 여겼습니다.

어느 날 헤르메스는 한가롭게 아티카의 하늘을 날았습니다. 마침 아티카의 가장 큰 도시인 아테네에서 아테나의 탄생을 축하하는 축제가 한창이었지요. 처녀들은 여신에게 바칠 새 옷을 들고 신전 앞에 줄을 서고, 남자들은 제물로 바칠 가축들을 이끌었습니다.

"오늘 아테나 여신은 기분이 좋겠군."

헤르메스는 신전에 내려 사람들을 구경하다가 한 처녀에게 눈길이 멎었습니다. 아티카의 공주 헤르세였지요. 그는 눈부시게 아름다운 헤르세에게 한눈에 반했습니다.

신들의 전령, 헤르메스
신들의 뜻을 전달하는 심부름을 담당했으며 이승과 저승을 자유롭게 오갔다.
지하 세계의 왕 하데스를 만나 페르세포네를 돌려 달라는 말을 전하는가 하면 영웅 헤라클레스를 지하 세계로 안내했다. 그 밖에 목동·여행자·상업·도둑의 신으로 널리 알려졌다.
■ 고대 그리스 시대, 조각.

'저 여인을 만나 내 마음을 전해야겠어.'

헤르메스는 한밤중에 헤르세가 사는 왕궁으로 몰래 날아들었습니다. 그가 헤르세의 방문을 두드리려는데 그녀의 여동생 아글라우로스가 나타나 소리쳤습니다.

"누구세요? 어떻게 여기까지 들어왔지요?"

헤르메스가 당황한 마음을 추스르며 대답했습니다.

"난 제우스 신의 전령 헤르메스다. 헤르세를 만나고 싶으니 좀 도와다오."

아글라우로스는 신이라는 말에 놀라고, 황금 지팡이를 보고 한 번 더 놀랐습니다. 그녀는 황금에 욕심이 나서 한 가지 꾀를 생각해 냈습니다.

"제 부탁을 들어주면 언니를 만나게 해 드릴게요."

"뭔지 말해 봐라."

"제게 황금 한 바구니를 주세요."

헤르메스는 언니를 빌미로 한몫 챙기려는 그녀에게 화가 나 소리쳤습니다.

"뭐라고? 네가 감히 신에게 수작을 부리느냐?"

"흥, 그럼 소리를 질러 사람들을 부르겠어요."

헤르메스는 기분이 몹시 상해 그대로 하늘로 날아올랐습니다. 헤르세를 만나지 못할지라도 아글라우로스의 욕심을 채워 주고 싶지는 않았지요.

이 사실이 아테나의 귀에까지 들어갔습니다. 여신도 무척 화가 났습니다.

'감히 신을 모독하다니, 용서할 수 없어.'

아테나는 시샘과 질투의 신 젤로스를 찾아갔습니다. 젤로스의 집은 어두컴컴하고 서늘했습니다. 손에는 반쯤 뜯어 먹은 독사 한 마리가 들려 있었지요.

"아테나 여신께서 여긴 웬일이시오?"

젤로스가 어두운 표정으로 물었습니다. 그는 남이 고통받는 순간에만 미소를 지었지요.

"아테네의 아글라우로스에게 질투의 독을 좀 불어 넣어 주세요."

"그런 일이라면 저에게 맡겨 주십시오."

젤로스는 먹다 만 뱀을 내던지고 곧장 아테네로 날아갔습니다. 아글라우로스는 깊은 잠에 빠져 있었습니다. 젤로스는 그녀의 가슴 위에 손을 펼쳤습니다. 그러자 그의 손에서 독기 어린 연기가 스멀스멀 나오더

돌로 변하는 아글라우로스

헤르메스가 황금 지팡이로 아글라우로스의 머리를 건드리고 있다. 아글라우로스는 탐욕에 눈이 멀어 돌이 되는 벌을 받았다.

■ 마리 피에르, 〈헤르메스, 헤르세, 아글라우로스〉

니 아글라우로스의 몸속으로 스며들었습니다.

다음 날부터 아글라우로스는 까닭 모를 질투심에 사로잡혔습니다. 헤르세의 모든 것이 샘이 나서 견딜 수 없었지요.

아글라우로스는 괴로움에 휩싸여 밥도 먹지 못하고 잠도 자지 못했습니다. 그녀는 퀭한 눈으로 며칠째 헤르세의 방문 앞을 지켰습니다.

얼마 뒤 헤르메스가 찾아왔습니다. 그녀는 재빨리 헤르세의 방문 앞에 털썩 주저앉았습니다.

"당장 돌아가세요. 난 여기서 한 발짝도 움직이지 않을 거예요."

헤르메스는 미리 짐작한 듯 빙긋 웃었습니다.

"네가 원한다면 내가 그렇게 만들어 주마."

헤르메스는 케리케이온으로 아글라우로스의 이마를 탁 쳤습니다. 그러자 아글라우로스는 앉은 채로 잠들었지요. 그녀는 끝없이 잠을 자다가 결국 돌이 되었습니다.

마침내 헤르메스는 꿈에 그리던 헤르세와의 사랑을 이루었습니다.

신화 갤러리 5

신들의 이름을 딴 태양계 행성

태양 주위를 도는 행성을 '태양계 행성'이라고 합니다. 태양계 행성에는 수성, 금성, 지구, 화성, 목성, 토성, 천왕성, 해왕성이 있습니다. 이 행성들의 이름은 그리스 신이나 티탄 신의 이름에서 나왔지요.

금성은 가장 밝은 행성이므로 아름다운 아프로디테의 이름을 붙였습니다. 금성을 아프로디테의 영어 이름인 비너스라고 하지요. 태양 주위를 빠르게 도는 수성에는 신들의 전령인 헤르메스의 영어 이름을, 붉게 빛나는 화성에는 피 흘리며 싸우는 전쟁이 떠올라 전쟁의 신 아레스의 영어 이름을 붙였습니다.

목성은 가장 커서 신들의 아버지인 제우스, 바로 다음 행성인 토성은 제우스에게 쫓겨난 크로노스, 또 천왕성은 크로노스에게 쫓겨난 우라노스의 영어 이름에서 각각 나왔습니다. 푸른빛의 해왕성은 바다의 신 포세이돈의 이름을 따서 넵튠이라고 부릅니다.

▼ **신들의 회의**
올림포스 신들이 모두 모여 프시케와 에로스의 일을 의논하고 있다. 올림포스 신 중에 절반은 태양계 행성의 이름으로 남았다.
■ 라파엘로 산치오, 벽화.

행성	그리스 신	로마 신	영어 이름	이름이 붙은 이유
수성	헤르메스	메르쿠리우스	머큐리 (mercury)	태양 주위를 빠르게 돈다.
금성	아프로디테	베누스	비너스 (venus)	태양계 행성 중 가장 밝다.
지구	가이아	텔루스	어스 (earth)	생명의 뿌리인 땅이 있다.
화성	아레스	마르스	마스 (mars)	색이 붉어 전쟁이 떠오른다.
목성	제우스	유피테르	주피터 (jupiter)	태양계에서 가장 큰 행성이다.
토성	크로노스	사투르누스	새턴 (saturn)	제우스에서 쫓겨났다.
천왕성	우라노스	카일루스	유러너스 (uranus)	크로노스에게 쫓겨났다.
해왕성	포세이돈	넵투누스	넵튠 (neptune)	바다처럼 청록색으로 보인다.

[6장]
불의 신과 전쟁의 신

헤라가 첫아들 헤파이스토스를 낳았습니다. 여신은 갓 태어난 자기 아들을 보고 깜짝 놀랐지요.

아이는 얼굴도 못난 데다 한쪽 다리까지 불구였습니다. 헤라는 마음이 몹시 언짢았습니다. 지혜롭고 멋진 아테나 같은 자식을 낳고 싶었거든요.

아이는 신의 자손답지 않게 며칠이 지나서야 겨우 걸음마를 했습니다. 그것도 몇 발짝 걷지 못하고 어기뚱대다 자꾸만 넘어졌습니다. 여신은 그런 아이가 못마땅해 견딜 수 없었습니다.

'내가 이런 아이를 낳았다는 게 창피해.'

마침내 헤라는 아이를 번쩍 들어 땅으로 던져 버렸

습니다.

헤파이스토스는 아직 신의 능력이 생기지 않아 날지 못했습니다. 그가 하루 낮 동안 계속 떨어져 바다에 빠지려는 순간, 바다의 여신 테티스가 그를 받아서 구했습니다.

테티스는 헤파이스토스를 바다 밑 동굴에서 길렀습니다. 헤파이스토스는 비록 몸은 불편했지만 영리하고 손재주가 뛰어났습니다. 그는 특히 불을 잘 다루었습니다. 광석을 불에 녹여 금속을 뽑아내는 기술도 혼자 익혔지요.

헤파이스토스는 렘노스 섬에 대장간을 마련했습니다. 그는 황금 반지며 목걸이 같은 장신구를 만들어 테티스에게 선물했습니다. 그 장신구들은 테티스의 아름다움을 한층 더 빛내 주었지요.

헤파이스토스가 바다 동굴에서 지낸 지 아홉 해가 지났습니다. 그제야 어른이 된 그가 테티스에게 속마음을 털어놓았습니다.

"저도 이젠 올림포스에 가서 신으로 당당하게 살고 싶습니다."

"헤라 여신이 그대를 받아 줄까요?"

헤파이스토스와 테티스

테티스는 바다의 신 네레우스의 딸로 오케아노스와 결혼한 티탄족 테티스와는 다른 여신이다.
테티스는 사람인 펠레우스와 결혼해 영웅 아킬레우스를 낳는다. 그림에서 테티스가 헤파이스토스에게 부탁한 방패와 창을 받고 있다.

■ 서기전 5세기 무렵, 술잔.

불의 신과 전쟁의 신 111

대장장이의 신 헤파이스토스

헤파이스토스가 제우스의 번개를 망치로 내리쳐 더욱 단단하게 다듬고 있다. 헤파이스토스는 로마 신화의 불카누스에 해당한다.

■ 페터 파울 루벤스, 〈제우스의 번개를 손보고 있는 불카누스〉

"제게 생각이 있으니 지켜봐 주세요."

헤파이스토스는 한동안 대장간에 틀어박혀 일에 매달렸습니다. 그는 오랫동안 공들여 황금 의자를 만들었습니다. 누가 봐도 탐낼 만한 우아한 의자였지요. 그는 테티스에게 부탁해 황금 의자를 헤라에게 선물했습니다.

"어머, 이렇게 아름다운 의자는 처음 봐."

헤라가 감탄하자 테티스가 말했습니다.

"한번 앉아 보세요. 아름다운 헤라 여신과 잘 어울릴 거예요."

"호호호, 그럴까?"

헤라는 환하게 웃으며 의자에 앉았습니다. 순간 여신은 비명을 질렀습니다.

"아아악! 몸을 움직일 수가 없어!"

헤라는 몸부림치며 일어나려고 했지만 옴짝달싹할 수가 없었습니다. 거미줄처럼 가는 사슬들이 여신의 몸을 친친 감고 있었지요.

테티스와 다른 신들이 달려와 헤라를 잡아당겼지만 소용이 없었습니다. 그 사슬들은 어떤 도구를 써도 끊어지지 않을 만큼 단단했거든요.

"도대체 이걸 누가 만든 거야?"

헤라의 물음에 테티스가 어쩔 줄 몰라 했습니다.

"헤파이스토스가 만들어 보냈어요. 어머니를 위한 선물인 줄로만 알았는데……."

이 말에 헤라는 깜짝 놀라 입을 다물었습니다. 아들의 이름을 듣자 미안하고 부끄러운 마음이 들었지요.

술의 신 디오니소스
디오니소스가 사티로스의 부축을 받고 있다. 머리에는 담쟁이 덩굴로 만든 관을 썼다. 손에 든 술잔이 기운 줄도 모를 만큼 취한 모습이다.
■ 고대 로마 시대, 모자이크화.

그때 술의 신 디오니소스가 웃으며 말했습니다.

"이번 일은 아무래도 제가 나서야 될 것 같군요."

디오니소스는 포도주를 채운 술병을 들고 헤파이스토스를 찾아갔습니다. 그는 쇠를 녹이고 있던 헤파이스토스에게 술병을 통째로 건네며 말했습니다.

"이거 한 잔 마시고 일하시오. 기분이 훨씬 좋아질 거요."

헤파이스토스는 단숨에 술병을 비웠습니다.

"흠, 달고 향기롭네요. 이게 뭡니까?"

"내가 만든 포도주요. 얼마든지 있으니 마음껏 드시구려."

헤파이스토스는 술을 처음 마셔 본 탓에 금세 취했습니다. 디오니소스는 술에 취한 헤파이스토스를 구름에 태워 올림포스로 데려갔습니다.

헤파이스토스는 하늘의 찬바람을 맞고서야 정신을 차렸습니다. 눈앞에 헤라가 황금 의자에 묶인 채로 앉아 있었지요. 헤라가 헤파이스토스를 보며 말을 꺼냈습니다.

"날 풀어다오. 지난 일은 잊고 여기서 함께 살자."

헤파이스토스의 얼굴이 굳어졌습니다.

"그것만으로는 안 됩니다."

"그럼 원하는 게 무엇이냐? 내가 다 들어주마."

"올림포스에서 가장 아름다운 여신과 결혼하고 싶습니다."

"가장 아름다운 여신이라니 누구 말이냐?"

헤파이스토스가 잠자코 있자 디오니소스가 크게 웃으며 말했습니다.

"하하하, 그야 아프로디테 여신이 아니겠습니까. 헤라 여신도 아름답지만 어머니이니까 안 됩니다. 아테나 여신은 결혼할 생각이 없지요."

이때 제우스가 나섰습니다.

"잘 알겠다. 아프로디테는 내가 설득하마."

헤파이스토스는 그제야 열쇠를 꺼내 헤라를 풀어 주었습니다.

"앞으로 다시 묶일 일은 없을 겁니다. 그러니 이 의자를 어머니께 드리지요."

헤라는 뾰로통한 얼굴이었지만 다른 신들은 소리 내어 웃었습니다. 헤파이스토스도 비로소 마음을 풀고 미소 지었습니다.

마침내 헤파이스토스가 올림포스로 돌아왔습니다.

전쟁의 신 아레스
아레스는 주로 머리에 투구를 쓰고 방패를 든 젊은이의 모습으로 표현된다. 로마 신화에서는 마르스라고 불리며 더 중요하게 다루어졌다.
■ 고대 로마 시대, 조각.

그가 아프로디테와 결혼할 것이라는 소문은 신들의 부러움을 샀습니다.

제우스는 헤파이스토스의 재주를 칭찬하며 올림포스에 대장간을 지어 주었습니다. 그곳으로 키클롭스 형제들을 보내 돕게 했습니다.

헤파이스토스는 신들에게 여러 물건을 만들어 주었습니다. 또 그가 손봐 준 덕에 제우스의 번개와 아테나의 방패는 더 강해졌습니다. 데메테르의 낫은 더 단단해지고, 아폴론과 아르테미스의 활시위는 더 팽팽해졌지요.

헤파이스토스는 세상의 불과 대장간, 금속 기술을 다스리는 신이 되었습니다.

전쟁의 신 아레스는 헤파이스토스의 동생이면서도 그와는 생김새가 딴판이었습니다. 다부진 몸매에 얼굴도 잘생기고 목소리도 우렁찼지요.

그가 태어날 때 얼마나 크게 울었는지 신들의 잠을 다 깨울 정도였습니다.

어린 시절부터 아레스는 전쟁놀이를 좋아했습니다. 그는 올림포스보다 그리스 반도 북쪽 트라키아 땅에 더 자주 머물렀습니다. 그곳에서 툭하면 야만족을 부추겨 전쟁을 일으켰습니다. 그에게 누가 옳고 그른지는 중요하지 않았습니다. 그저 피를 부르는 싸움 자체를 즐길 뿐이었지요.

아테나가 정의로운 자를 돕기 위해 싸움에 나선 반면 아레스는 닥치는 대로 싸움을 부추겼습니다.

트로이 전쟁이 일어났을 때의 일입니다.

그리스 연합군과 트로이군은 한 치의 양보도 없이 싸웠습니다. 신들은 편을 갈라 자기가 응원하는 장수를 도왔습니다. 목숨이 위태로운 장수를 구해 주거나 상처를 치료해 주었지요.

아레스만은 직접 전투에 나아가 트로이를 위해 싸웠습니다. 아레스는 트로이의 왕자 헥도르의 전차에 올라탄 채 청동 창을 휘두르며 여러 그리스 장수를 무찔렀습니다.

아테나는 이 모습을 보고 분노했습니다.

'피를 좋아하는 저 미치광이에게 따끔한 맛을 보여 줘야겠어.'

아테나는 자신이 직접 수놓은 아름다운 옷을 벗어 던지고 갑옷으로 갈아입었습니다. 여신은 거침없이

트로이 전쟁

그리스 연합군과 트로이 사이에 십 년 동안 벌어진 전쟁이다. 트로이의 왕자 파리스가 스파르타의 왕비 헬레네를 트로이로 데려온 것이 원인이 되어 일어났다.

수레를 몰아 지하 세계의 하데스를 찾아갔습니다.

"아름다운 여신께서 이런 누추한 곳에 웬일이오?"

놀라는 하데스에게 여신은 다짜고짜 말했습니다.

"투구를 좀 빌려 주세요. 오늘 밤 안으로 꼭 돌려 드리지요."

아테나는 하데스의 투구를 받아 들고 수레에 올랐습니다.

"트로이로 가려면 저리로 나가시오."

하데스가 검은 하늘의 한곳을 가리켰습니다. 그곳에서 가늘게 빛이 쏟아지고 있었지요. 아테나의 마음을 읽은 하데스가 비밀 통로를 열어 준 것입니다.

"정말 고맙습니다."

여신의 수레가 땅 위로 나오자 갈라진 땅이 도로 닫혔습니다.

그때 그리스군은 헥토르와 아레스 신에게 크게 밀리고 있었습니다. 아레스의 전차가 지나가는 곳마다 그리스 병사들이 피를 흘리며 쓰러졌습니다.

아르고스의 왕 디오메데스는 그리스의 용맹한 장수입니다. 그는 그날 싸움에서 화살을 어깨에 맞고도 트로이의 장수 아이네이아스에게 돌을 던져 허리에 큰

신들의 응원을 받는 두 영웅
디오메데스 뒤에서 아테나가 그를 응원하고, 아이네이아스 뒤에서 아프로디테가 아들을 보호하고 있다.

■ 서기전 5세기 무렵, 항아리.

상처를 입혔습니다.

아이네이아스는 아프로디테와 인간 앙키세스 사이에서 태어난 아들입니다. 아프로디테는 아폴론과 함께 트로이를 응원하러 싸움터에 나와 있다가 아이네이아스가 다치는 것을 보았습니다. 여신은 재빨리 자기 옷을 펼쳐 아들을 보호했지요.

아프로디테가 아들을 부축한 채 싸움터에서 빠져나가려는데, 디오메데스가 끈질기게 뒤쫓아서 창을 휘둘렀습니다. 여신이 팔을 들어 창을 막다가 손목을 찔렸습니다.

"으윽!"

여신의 손목에서 피가 흘러내렸습니다. 신들의 피는 인간의 눈에는 보이지 않고 신의 눈에만 보입니다.

아폴론이 이를 보고 달려와 아프로디테와 아이네이아스를 검은 구름으로 가렸습니다. 그 덕분에 여신과 아이네이아스는 싸움터에서 무사히 도망쳤지요.

디오메데스는 싸움터를 누비다가 트로이를 돕는 아레스를 보고 두려움에 휩싸여 뒤로 물러났습니다. 인간이 신을 이길 수는 없었으니까요.

그때 아테나가 디오메데스에게 다가갔습니다.

"그리스의 영웅인 그대가 그만 한 상처에 겁을 먹은 것이냐?"

"여신이시여, 저는 상처 따위 때문에 이러는 것이 아닙니다. 적들 속에 아레스 신이 계십니다. 제가 어찌 신과 겨루겠습니까?"

"내가 너를 도울 테니 그 미치광이와 상대해라."

"여신께서 그리 해 주신다면 당장 따르겠습니다."

용기를 얻은 디오메데스는 날듯이 전차에 올랐습니다. 아테나는 그 곁에서 전차를 몰며 하데스의 투구를 썼습니다. 그러자 모습이 감쪽같이 사라졌습니다.

아레스는 달려오는 디오메데스의 전차를 발견했습니다. 그도 디오메데스를 향해 급히 전차를 몰았습니다. 두 전차가 맞부딪칠 만큼 가까워졌습니다.

"오호, 네가 감히 신에게 덤비겠단 말이냐?"

아레스가 디오메데스의 가슴을 청동 창으로 찔렀습니다. 그 순간 아테나가 손으로 창을 휙 걷어 냈습니다.

"이런!"

아레스의 몸이 창과 함께 휘청거렸습니다. 디오메데스는 그 기회를 놓치지 않고 아레스의 배를 창으로

찔렀습니다.

"으아아악!"

귀를 찢을 듯한 비명이 싸움터를 뒤흔들었습니다. 그 소리에 양쪽 병사들이 공포에 사로잡혀 싸움을 멈췄습니다.

아레스의 배에서 피가 왈칵 쏟아졌습니다. 그는 검은 구름을 불러 몸을 숨기고는 올림포스로 날아올랐습니다.

그는 다친 배를 움켜잡고 제우스를 찾아가 하소연했습니다.

"이건 분명 아테나의 짓입니다. 그런 여신을 어찌 벌하지 않으십니까?"

제우스는 아레스를 노려보며 호통을 쳤습니다.

"너야말로 피에 굶주린 늑대처럼 싸움질만 일삼는 못된 놈이다. 네가 내 아들만 아니었다면, 널 당장 타르타로스로 보냈을 거다."

제우스는 그러면서도 아폴론을 시켜 아레스를 치료해 주었습니다. 아폴론이 약초를 붙여 주자 아레스의 상처는 금세 아물었습니다.

한편 제우스와 헤라는 헤파이스토스에게 한 약속을

지키기 위해 아프로디테를 불렀습니다. 제우스가 여신에게 넌지시 물었습니다.

"헤파이스토스가 너와 결혼하기를 바라는데 네 생각은 어떠냐?"

아프로디테가 선뜻 대답하지 못하고 망설이자 헤라가 끼어들었습니다.

"헤파이스토스가 잘생긴 건 아니지만 재주가 뛰어나고 마음씨도 좋잖니? 남편감으로 최고란다."

아프로디테는 금으로 만든 화려한 허리띠를 만지작거렸습니다. 헤파이스토스가 선물로 만들어 준 것이었지요.

"저야 두 분의 뜻이 그렇다면 따라야지요."

제우스는 빙그레 미소를 지었습니다.

"그럼 둘의 결혼이 이루어졌구나."

아프로디테는 자리에서 물러 나오며 다른 생각을 했습니다.

'어휴, 두 분의 뜻을 차마 거스를 수도 없고, 이를 어쩌지?'

아프로디테는 뭐든 빛나고 화려한 것을 좋아했습니

화려한 아프로디테

사랑과 미의 여신 아프로디테가 화려한 장신구를 몸에 두르고 거울을 보고 있다.
아프로디테는 로마 신화의 베누스에 해당하고, 베누스의 영이 이름은 비너스이다.

■ 베첼리오 티치아노, 〈거울을 보는 비너스〉

다. 게다가 사랑은 중요하게 여겼지만 결혼에는 관심이 없었지요.

'난 헤파이스토스처럼 시시한 이는 싫어.'

아프로디테는 아레스를 좋아했습니다. 아레스는 여러모로 여신의 마음에 들었습니다. 번듯하게 생긴 데다 옷도 멋지게 차려입고 활달했으니까요.

아프로디테는 헤파이스토스와의 결혼을 승낙하고도 몰래 아레스를 만났습니다. 그런 둘의 모습을 태양신 헬리오스가 우연히 보았습니다.

'저럴 수가! 내가 그냥 두고 볼 수는 없지.'

헬리오스는 헤파이스토스에게 이 사실을 알려 주었습니다. 헤파이스토스는 크게 분노했습니다.

'둘이서 날 이렇게 무시하다니!'

헤파이스토스는 당장 아레스와 싸움을 벌이고 싶었지만 꾹 참았습니다. 힘으로는 아레스를 이길 자신이 없었거든요.

'이 뻔뻔한 자들이 얼굴을 들고 다니지 못하게 만들어 주겠다.'

헤파이스토스는 대장간에서 강철 실을 뽑아 쇠 그물을 만들었습니다. 그것을 아프로디테 궁전의 천장

그물에 걸린 두 신

아프로디테와 아레스가 헤파이스토스의 그물에 걸려들었다. 헬리오스를 비롯한 신들이 이 모습을 내려다보며 비웃고 있다. 헤파이스토스는 로마 신화의 불카누스에 해당한다.

■ 반 헴스케르크, 〈불카누스 그물에 걸린 비너스와 마르스〉

에 몰래 걸어 두었습니다.

얼마 뒤 아레스가 아프로디테를 찾아왔습니다. 두 신은 보자마자 반갑게 껴안았습니다. 그 순간 천장 위에서 쇠 그물이 떨어져 둘을 덮쳤습니다.

"이게 뭐야?"

"어머나!"

둘은 껴안은 채로 쇠 그물에 단단히 묶였습니다. 헤파이스토스가 기다렸다는 듯 여러 신을 데리고 나타났습니다.

"보십시오. 이들이 저를 속이고 몰래 만났습니다."

헤파이스토스는 그물에 묶인 두 신을 노려보며 단호하게 말을 이었습니다.

"이 둘을 영원히 이 자리에 묶어 두겠습니다. 다른 이들이 볼 수 있게 말입니다."

아프로디테와 아레스는 부끄러워 어쩔 줄 몰랐습니다. 둘은 오래도록 신들의 웃음거리가 되었습니다. 제우스와 헤라도 이 모습을 보고 혀를 끌끌 차며 돌아갔습니다.

포세이돈이 이를 보다 못해 헤파이스토스를 찾아왔

습니다.

"저렇게 한다고 아프로디테 여신이 그대를 사랑하겠소? 둘을 충분히 부끄럽게 만들었으니 이제 그만 풀어 줍시다."

또 포세이돈은 아레스를 찾아가 말했습니다.

"대장장이 신에게 죗값을 톡톡히 내시구려."

포세이돈의 말대로 아레스는 헤파이스토스에게 황금 한 수레를 보냈습니다. 마침내 헤파이스토스는 둘을 그물에서 풀어 주었습니다.

그 뒤 헤파이스토스는 결혼을 포기했습니다. 아프로디테와 아레스는 오히려 당당하게 만나 자식까지 낳았지요. 둘 사이에서 딸 하르모니아와 쌍둥이 형제 포보스와 데이모스가 태어났습니다.

하르모니아는 착했지만 포보스와 데이모스는 아버지의 성품을 쏙 빼닮았습니다. 아레스는 싸움터에 두 아들을 데리고 다녔습니다.

포보스는 공포의 신이고 데이모스는 패배의 신으로, 사람들을 싸움의 공포와 패배의 두려움에 떨게 만들었습니다.

거칠고 사나운 아레스 때문에 신들의 재판이 열린

헤파이스토스 신전
아테네 사람들이 솜씨 좋은 헤파이스토스를 위해 지은 신전이다.
아테네의 아고라 언덕 위에 있으며, 그리스에 남아 있는 신전 중에서 보존 상태가 가장 좋다. 파르테논 신전보다 먼저 세워졌다.

포보스와 데이모스 위성

지구에 달이라는 위성이 있듯 화성에도 위성이 있다. 바로 포보스(왼쪽)와 데이모스(오른쪽)이다. 두 위성은 1877년에 미국의 천문학자 에이사프 홀에 의해 발견되었으며, 그리스 신화에 나오는 아레스의 두 아들과 이름이 같다.
화성의 이름이 영어로 마스인데 이는 아레스를 가리킨다. 화성의 두 위성을 화성이 낳은 자식으로 본 것이 재미있다.

적도 있습니다.

아레스와 아테네의 공주 아글라우로스 사이에 알키페라는 딸이 있었습니다. 헤르메스가 아글라우로스를 돌로 만들기 전의 일이지요.

하루는 아레스가 아테네로 가서 알키페를 만났습니다. 둘은 언덕으로 산책을 나갔습니다. 알키페는 아레스와 함께 걷다가 목이 말랐습니다.

"아버지, 언덕 아래 샘에서 물을 마시고 올게요."

"그래, 난 여기서 기다리마."

그녀가 샘에 이르렀을 때, 어떤 이가 앞을 가로막았습니다. 포세이돈의 아들 할리로티오스였습니다.

"누군데 이러세요? 저리 비켜 주세요."

"나랑 사귄다면 물은 얼마든지 마시게 해 주지."

할리로티오스는 건달처럼 거들먹대며 알키페를 놀렸습니다.

"차라리 물을 마시지 않고 그냥 가겠어요."

알키페가 돌아서려는데 할리로티오스가 그녀의 팔을 붙잡았습니다. 그녀가 뿌리치자 그는 더욱 세게 팔을 쥐었습니다. 그녀는 겁에 질려 소리쳤습니다.

"아버지, 살려 주세요!"

아레스가 딸의 비명을 듣고 달려왔습니다. 그의 눈에서 불꽃이 일었습니다.

아레스는 단숨에 달려들어 할리로티오스의 머리를 창으로 내리쳤습니다. 할리로티오스는 그 자리에서 죽고 말았습니다.

포세이돈이 이 소식을 듣고 제우스에게 아레스의 처벌을 요구했습니다. 제우스는 누구의 잘못인지 선뜻 판단이 서지 않았습니다. 그래서 올림포스 신들을 불러 아테네의 언덕 위에서 재판을 열었습니다.

잘잘못을 따지는 신들의 의견은 서로 엇갈렸습니다. 결국 신들의 투표를 거쳐 헤르메스가 신들의 판결을 발표했습니다.

"할리로티오스는 알키페를 부당하게 위협했습니다. 이를 본 아버지는 딸을 구하려다 어쩔 수 없이 그를 살해했습니다. 따라서 아레스는 무죄입니다."

아레스는 당연한 일이라며 좋아했습니다. 반면에 포세이돈은 자리에서 벌떡 일어나며 불같이 화를 냈습니다.

"그런 일로 살해를 한다면 세상은 살인자들의 천국

이 될 것이오."

헤르메스가 포세이돈을 달랬습니다.

"저도 신의 마음을 이해합니다만, 투표로 결정한 일이니 따르셔야지요."

포세이돈은 잔뜩 화가 난 채 바다로 돌아갔습니다.

뒷날 아테네 사람들은 아레스의 재판이 열린 언덕에 재판소를 짓고 '아레이오스 파고스'라고 불렀습니다. 아레이오스 파고스는 법을 정하고 재판을 여는 기관으로 자리 잡았지요.

> **아레이오스 파고스**
>
> '아레스의 언덕'이란 뜻으로, 아레스가 살인죄로 이곳에서 재판을 받은 데서 생겨난 이름이다.
> 이곳에서 첫 배심원 재판을 열었기 때문에 '인류 최초의 법정'이라고도 불린다.
> 오늘날 아레이오스 파고스는 그리스의 대법원을 가리키는 말로 쓰인다.

신화 갤러리 6

▲ **토론하는 소크라테스**
그리스의 철학자 소크라테스는 철학을 조용한 사색의 장에서 토론과 대화의 장으로 옮긴 인물이다. 그는 아고라 광장에 나아가 사람들과 자주 토론을 벌인 까닭에 '거리의 철학자'로 불렸다.
그림은 소크라테스가 억울한 죽음을 앞두고 벗들과 토론을 벌이는 모습이다.
■ 자크 루이 다비드, 〈소크라테스의 죽음〉

의사소통의 공간 아고라

고대 그리스의 도시 국가에는 시민들이 모여 다양한 활동을 하는 넓은 광장이 있었습니다. 이곳을 '아고라'라고 했지요.

아고라 광장은 도시의 중심지인 아크로폴리스에 위치해 시민들의 왕래가 잦았습니다. 시민들은 이 광장에 모여 정치적·경제적·사회적 문제들에 대해 토론을 벌였으며, 억울한 일을 당한 사람은 이곳에 나와 자신의 입장을 밝혔습니다. 또 공공 건물과 여러 상점이 발달해 경제 활동이 활발하게 이루어졌지요. 많은 도시에서 '아고라노모이'라는 관리를 두어 이곳을 관리하게 했습니다.

고대 로마에서는 정치적 의견을 나누고 토론하는 공간을 '포럼'이라고 했는데 아고라는 포럼의 발달에 큰 영향을 주었습니다.

인간적인, 너무도 인간적인 신

그리스 로마의 신들은 영원한 생명과 초자연적인 능력을 지니고 있었습니다. 하지만 생김새나 생활하는 모습은 인간과 매우 닮아 있었지요.

그리스 로마의 신들은 인간과 똑같이 사랑을 나누고 질투를 했습니다. 제우스는 여신과 여인을 가리지 않고 사랑을 나누었으며, 헤라는 그런 상대들을 질투하고 미워했습니다. 또 그리스 연합군과 트로이 간에 벌어진 트로이 전쟁에서 신들은 서로 싸우고 경쟁했는데, 이 또한 인간의 모습과 다르지 않았습니다.

이것은 그리스 문명이 인간 중심의 문화라는 것을 보여 줍니다. 이런 그리스 문화는 뒷날 이탈리아에서 일어난 르네상스 운동에 큰 영향을 주었습니다.

◀ **힘과 지혜의 대결**
트로이 전쟁에서 지혜의 여신 아테나와 전쟁의 신 아레스가 서로 겨루는 장면이다.
이때 아레스는 창에 옆구리를 찔리는 부상을 입는데, 이것은 지혜가 힘보다 우위에 있다는 것을 뜻한다.
■ 자크 루이 다비드, 〈아레스와 아테나의 전투〉

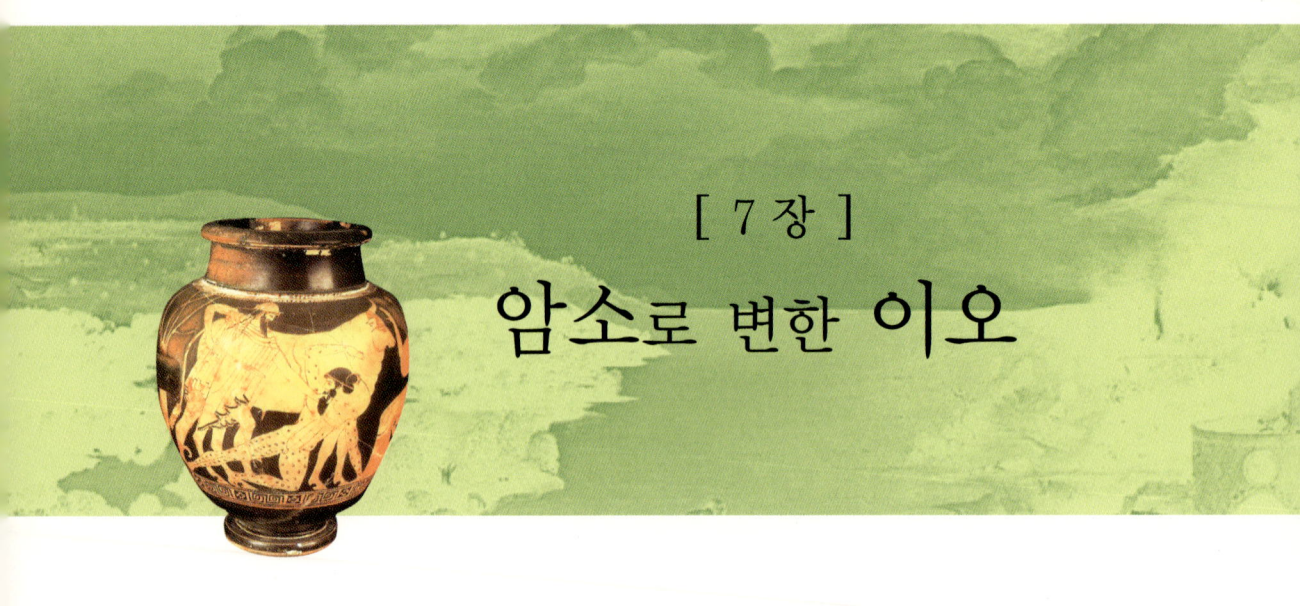

[7장]
암소로 변한 이오

'참 이상하지. 왜 매일 똑같은 꿈을 꿀까?'

이오는 침대에서 일어나 앉았습니다. 얼마 전부터 이오의 꿈에 제우스가 나타났습니다.

이오는 아버지 이나코스에게 꿈 이야기를 털어놓았습니다. 이나코스는 펠로폰네소스 반도 동북쪽에 있는 아르고스 땅을 흐르는 강의 신입니다.

"저는 헤라 신전에서 헤라 여신을 섬기는 신녀인데 왜 제 꿈에 제우스 신이 보일까요?"

"흠, 아무래도 신탁을 받아 봐야겠다."

이나코스는 아르고스 왕국을 떠나 델포이의 아폴론 신전을 찾았습니다. 그는 신녀 피티아 앞에 무릎을 꿇고 사정을 얘기했습니다. 이윽고 아폴론 신에게 응답을 받은 피티아가 입을 열었습니다.

"네 딸은 아르고스를 떠나야 한다. 그렇지 않으면 너와 아르고스 땅이 제우스 신의 노여움을 받을 것이다."

이나코스는 크나큰 슬픔에 빠졌습니다. 이오는 아버지가 전하는 신탁을 듣고 말했습니다.

"제가 집을 떠나겠어요."

"얘야, 어디로 간단 말이냐? 절대 안 된다!"

이오는 아버지 앞에서 조용히 물러났습니다. 그녀는 잠 못 이루며 뒤척이다 새벽녘에야 겨우 잠이 들었습니다. 이번에도 제우스가 꿈에 나타났습니다. 이오는 갑갑한 마음으로 잠에서 깼습니다.

'당장 떠나야겠어.'

이오는 몰래 집을 나왔습니다. 그녀는 아버지의 강을 따라 무작정 걸었습니다. 그러다 어느 숲에 이르러 풀밭에 무릎을 꿇고 기도를 올렸습니다.

'오, 신들의 아버지시여! 저는 어찌해야 합니까.'

이오가 간절하게 기도를 올리는데 문득 인기척이 났습니다. 그녀가 고개를 드니 꿈속에서 보았던 제우스가 서 있었습니다.

강의 신 이나코스

아르고스에 흐르는 이나코스 강의 신으로 큰 바다의 신 오케아노스와 테티스 사이에서 태어났다.
이나코스는 포세이돈과 헤라가 아르고스의 지배권을 두고 다툴 때 헤라의 편을 들었다.
이에 화가 난 포세이돈이 이나코스 강물을 모두 빼 버렸다. 그 바람에 이나코스 강은 장마철 이외에는 항상 물이 말라 있다고 한다.

"오늘에야 너를 만나는구나."

언젠가 제우스는 강가를 거닐던 이오를 보며 그녀가 장차 위대해질 운명임을 알아챘습니다.

'저런 여인이라면 내 자식을 낳을 만하지.'

제우스는 자신의 뜻을 이오에게 전했습니다. 그녀는 제우스의 말을 듣고 어쩔 줄 몰랐습니다.

"헤라 여신을 섬기는 제게 어찌 그런……."

그때 헤라가 하늘에서 땅을 살피다가 제우스의 마차가 아르고스의 숲 속에 세워진 것을 보았습니다.

"남편의 마차가 왜 저곳에 있지?"

헤라는 공작이 끄는 수레를 타고 아르고스 땅으로 내려왔습니다. 제우스는 헤라가 오는 것을 알아채고 이오를 흰 암소로 바꾸었지요.

헤라는 제우스와 곁에 선 암소를 보고 고개를 갸웃거렸습니다.

'왠지 저 소가 수상한걸?'

여신은 애써 태연한 척 물었습니다.

"어머, 웬 소가 여기에 있을까요?"

"모르겠소. 나도 여길 지나다 암소가 하도 예뻐서 보고 있던 중이오."

"저도 저렇게 예쁜 암소는 처음 봐요. 제가 가져도 되지요?"

제우스는 속으로 깜짝 놀랐지만 헤라의 청을 거절할 수도 없는 노릇이었습니다.

"임자가 따로 없는 듯하니 마음대로 하시구려."

"호호, 저는 소를 돌봐 줄 이를 만나러 갈게요."

헤라는 이오를 이끌고 괴물 인간 아르고스를 찾아갔습니다. 괴물 인간은 아르고스 왕국과 이름이 같았습니다.

"아르고스야, 이 소를 너에게 맡겨 둘 테니 잘 감시해라."

"염려 마십시오. 저는 낮이든 밤이든 잠들지 않으니까요."

아르고스의 머리에는 백 개의 눈이 달려 있었습니다. 그는 잠을 잘 때도 눈을 두 개만 감고 나머지는 떴지요.

아르고스는 이오를 강가에 풀어 놓았습니다. 이오는 강물에 얼굴을 대고 마음속으로 아버지를 불렀습니다. 때마침 이나코스는 사라진 딸을 이리저리 찾아다니다가 이오가 있는 강변을 지나갔습니다.

아르고스의 눈

아르고스는 백 개 달린 눈으로 이오를 감시했다.
이 신화에서 비롯된 '아르고스의 눈'은 언론인의 역할을 말할 때 자주 쓰인다. 그 뜻은 늘 깨어 있는 눈으로 사회를 감시한다는 것이다.

'아아, 아버지!'

이오는 이나코스의 뒤를 졸졸 따라다니며 말을 건넸습니다. 하지만 그녀의 입에서 나오는 것은 소의 울음소리뿐이었지요.

"이 소가 배가 고픈가 보구나."

이나코스는 풀을 뜯어 이오에게 주었습니다. 그녀는 아버지의 손을 핥았습니다.

'제가 바로 아버지가 애타게 찾는 이오예요.'

이나코스는 이오의 털을 쓸어내리며 한숨을 쉬었습니다.

"후유, 너도 혼자로구나. 우리 이오도 혼자서 고생이 심할 테지."

이나코스는 주르륵 눈물을 흘렸습니다. 이오도 아버지를 따라 눈물지었지요. 이나코스의 눈물 때문인지 강물이 비 온 뒤처럼 불어났습니다. 이나코스는 다시 딸을 찾으러 힘없이 길을 떠났습니다.

제우스는 이오가 자기 때문에 고통받는 것을 보고 마음이 아팠습니다. 그는 헤르메스를 불렀습니다.

"네가 가서 아르고스를 따돌리고 이오를 구할 수 있겠느냐?"

"네, 해 보겠습니다!"

헤르메스는 목동으로 꾸민 뒤, 갈대로 피리를 만들었습니다. 그는 갈대 피리를 불며 아르고스 앞을 지나갔습니다. 아르고스는 처음 듣는 아름다운 피리 소리에 마음을 빼앗겼습니다.

"여보시오! 여기서 잠시 쉬며 피리 연주 좀 들려줄 수 없겠소?"

헤르메스는 못 이기는 척 아르고스 옆에 앉았습니다. 멀지 않은 곳에서 이오가 풀밭 위를 서성였지요.

헤르메스는 쉬지 않고 피리를 불었습니다. 아르고스는 피리 소리를 듣다가 저도 모르게 잠이 들어 낮게 코를 골았습니다. 그래도 구십여덟 개의 눈은 뜨고 이오를 지켰습니다. 헤르메스는 그를 시험해 보려고 피리 연주를 멈췄습니다. 그러자 아르고스는 코를 골면서도 말을 했습니다.

"왜 멈추시오. 힘드시오?"

"아, 아닙니다."

헤르메스는 얼른 피리를 다시 입에 물었습니다.

잠든 아르고스

헤르메스의 피리 소리와 이야기에 아르고스가 나무에 기대어 잠이 들었다. 암소로 변한 이오가 이를 지켜보고 있다.

■ 페터 파울 루벤스, 〈헤르메스와 아르고스〉

"갈대에서 어찌 그리 아름다운 소리가 날까요?"

아르고스의 물음에 헤르메스는 갈대 피리에 얽힌 이야기를 들려주었습니다.

"여기서 조금 떨어진 아르카디아 땅에 요정 시링크스가 살았지요. 여러 사내가 그녀의 뒤를 따라다녔습니다. 어느 날……."

헤르메스는 아르고스를 잠재우려고 일부러 느릿느릿 이야기했습니다.

시링크스는 숲 속에서 홀로 지냈습니다. 그 숲에 목동과 가축의 신인 판이 살았는데, 판은 남자 요정 사티로스와 생김새가 닮았지요.

판은 가축을 지키고 가축의 번식을 도와주어 목동과 사냥꾼에게 인기가 좋았습니다. 하지만 생김새가 반은 사람이고 반은 짐승인 데다 목소리마저 소름 끼치게 크고 날카로웠지요. 밤길을 가다가 판을 만나거나 그의 목소리를 들으면 절로 공포심이 생겼습니다.

하루는 판이 숲 속에서 시링크스와 마주쳤습니다. 판은 시링크스의 아름다움에 반해 말을 건넸습니다.

"요정이여, 나와 얘기 좀 나눕시다."

시링크스는 판의 생김새와 목소리에 놀라 비명을

피리를 가르치는 판

판은 숲·사냥·목축의 신이다. 음악을 좋아하고 요정들과 춤추는 것을 즐겼다.
판의 생김새와 목소리가 공포스러운 데서 심리적인 공황 상태를 뜻하는 말 패닉(panic)이 생겨났다.
판이 시칠리아의 목동 디프니스에게 피리를 가르쳐 주는 모습이다.

■ 2세기, 조각.

시링크스
길이가 다른 파이프를 여러 개 나란히 붙인 악기. 입으로 숨을 불어넣어 소리를 낸다. '판의 파이프'라는 뜻에서 팬 파이프라고도 한다. 팬은 판의 영어 발음이다.

질렀습니다.

"앗, 저리 비켜요!"

시링크스는 판을 피해 달아났습니다. 판도 무작정 그녀를 따라 뛰었지요. 시링크스는 이리저리 도망치다가 강가에 이르렀습니다. 그녀는 간절한 마음으로 강의 신에게 기도했습니다.

"신이시여, 절 구해 주세요."

그 순간 시링크스의 몸이 갈대로 변했습니다. 판은 갈대를 붙잡고 자신을 원망했습니다.

"그대를 이렇게 만든 내가 너무도 밉소."

판이 긴 한숨을 내쉬자 갈댓잎이 서로 스치는 소리가 났습니다.

"아, 그대가 날 위해 아름다운 소리를 남겼구려."

판은 갈대의 줄기를 여러 개 꺾은 뒤 나란히 붙여 피리로 만들었습니다. 그는 이 갈대 피리를 시링크스라고 부르며 아껴 불었습니다.

헤르메스가 긴 이야기를 하는 동안에 아르고스의 눈이 모두 감겼습니다. 헤르메스는 케리케이온으로 아르고스의 이마를 건드려 더 깊은 잠에 빠뜨린 뒤, 칼을 뽑아 아르고스의 목을 내리쳤습니다.

등에
파리목에 속하는 곤충으로 꽃에서 꿀을 빨아 먹는 무리와 동물의 피부를 뚫어 피를 빨고 전염병을 옮기는 해충의 무리가 있다.

아르고스를 처치한 헤르메스는 이오에게 다가가 고삐를 자르고 말했습니다.

"헤라 여신의 눈에 띄지 않는 곳으로 어서 떠나도록 하시오."

이오는 잠시 망설이더니 숲 속으로 사라졌습니다.

얼마 뒤 헤라가 공작이 끄는 수레를 타고 아르고스를 찾아왔다가 그의 주검을 보았습니다.

"나를 위해 애쓰다 죽은 너를 영원히 기억하마."

헤라는 아르고스의 머리 위에 손바닥을 펼쳤다가 공작을 가리켰습니다. 그러자 아르고스의 눈동자가 공작의 꼬리로 날아가 박혔습니다. 그때부터 공작의 꼬리에 수많은 눈동자 무늬가 새겨졌지요.

"흥, 이 암소를 가만두지 않겠다!"

헤라가 분노하며 등에들을 불러 모았습니다.

"흰 암소를 찾아 끝까지 따라다니며 괴롭혀라!"

헤라의 명령에 등에 떼가 어지럽게 춤을 추며 날아갔습니다.

이오는 등에 떼에 쫓겨 산을 넘고 들을 달렸습니다. 등에 떼는 이오에게 끈질기게 달라붙었지요. 그녀는 서쪽 바닷물에 이르러 등에들을 떼어 놓으려고 바다로 뛰어들었습니다. 바닷물에 몸을 담그고서야 비로소 이오는 등에 떼로부터 벗어났습니다.

그때부터 그녀가 헤엄친 바다를 이오니아 해라고

이오가 도망간 행로

불렀습니다. 이오니아는 '이오의 바다'라는 뜻이지요.

이오는 산을 넘고 들을 지나 걷고 또 걸었습니다. 그녀는 육지 사이에 끼어 있는 좁은 바다를 건넜습니다. 그곳은 오늘날 유럽과 아시아 사이에 가로놓인 보스포로스 해협입니다. 보스포로스는 '암소의 나루터'라는 뜻으로 이오 때문에 생겨난 이름이지요.

이오는 북쪽 땅끝에 있는 카우카소스 산에 이르렀습니다. 그 산의 바위에 묶여 있던 프로메테우스가 암소로 변한 이오를 먼저 알아보았습니다.

'아아, 저 암소도 나처럼 고통을 받고 있는 불쌍한 신세로구나!'

독수리에게 간을 쪼인 프로메테우스의 옆구리에서 피가 흐르고 있었습니다. 그는 힘겨운 목소리로 이오를 불렀습니다.

"암소야, 난 네가 사람이라는 걸 안다. 큰 강이 흐르는 사막이 네가 머물 곳이니 남쪽으로 가거라."

이오는 프로메테우스의 말대로 남쪽으로 하염없이 걸었습니다. 소아시아를 지나 마침내 큰 강이 흐르는 사막에 도착했지요. 그곳은 바로 나일 강이 흐르는 이집트였습니다.

이집트는 헤라의 눈길이 미치지 못할 만큼 외진 곳입니다. 이오가 나일 강가에 이르자 제우스가 모습을 드러냈습니다.

"이제야 널 다시 만났구나."

제우스는 상처투성이가 된 이오의 머리를 쓰다듬었습니다. 그러자 금세 인간의 모습으로 돌아왔습니다.

이오는 그곳에서 제우스의 아들 에파포스를 낳았습니다. 에파포스는 나중에 이집트의 왕이 되었지요.

이집트 사람들은 이오와 에파포스를 신으로 받들었습니다. 이집트 신화에 나오는 풍요의 여신 이시스가 바로 이오입니다.

이집트로 간 이오

이집트 신화에 따르면 이오는 이집트인들에게 법을 가져왔다. 또한 암소로 있을 때 발굽으로 흔적을 그려 문자를 발명했다고 전해진다.
이오는 이집트에서 이시스로 불리며 신으로 숭배되었다.

■ 반 햄켄, 〈이시스로 숭배받는 이오〉

신화 갤러리 7

오비디우스의 《변신 이야기》

《변신 이야기》는 고대 로마의 뛰어난 이야기꾼이자 시인인 오비디우스가 15권에 걸쳐 쓴 서사시입니다. 신과 인간이 식물이나 짐승 등으로 변신하는 이야기를 모아 놓았습니다. 그리스 로마 신화를 다룬 작품 가운데 가장 유명하지요.

수선화로 변신한 나르키소스나 월계수로 변신한 다프네, 메아리로 변한 에코 이야기가 대표적입니다. 그 가운데 집안의 반대로 비극적인 운명을 맞이한 피라모스와 티스베 이야기는 영국의 극작가 셰익스피어가 쓴 희곡 〈로미오와 줄리엣〉의 원형으로 알려져 있습니다.

《변신 이야기》는 수많은 작가와 시인, 화가들의 상상력을 자극해 지금까지 문학이나 미술, 영화 등의 소재로 활용되고 있습니다.

▼ 영화 〈로미오와 줄리엣〉
1968년에 만들어진 이 영화를 비롯해 〈로미오와 줄리엣〉은 여러 편의 영화와 연극, 발레 공연 등으로 만들어졌다.

▶ 몰래 만나는 연인
로미오와 줄리엣의 사랑은 집안 간의 다툼으로 비극적인 결말을 맞는다.
■ 포드 브라운, 〈로미오와 줄리엣〉

뽕나무 열매가 검붉은 까닭

피라모스는 잘생겼고 티스베는 빼어난 미인이었습니다. 둘은 이웃집에 살면서 서로 사랑을 키웠지만 집안의 반대로 만날 수 없었습니다. 둘은 날마다 담벼락의 틈새로 사랑을 속삭이다가 하루는 니누스 무덤가에서 만나기로 했습니다. 그곳에는 흰 열매가 주렁주렁 매달린 뽕나무가 서 있었지요.

티스베가 약속한 장소에 막 도착했을 때 짐승을 잡아먹고 입에 피를 묻힌 사자가 나타났습니다. 티스베가 급히 숨으면서 너울을 떨어뜨리자, 사자는 너울을 찢어 놓고 사라졌습니다. 뒤늦게 도착한 피라모스는 티스베가 사자에게 잡아먹힌 줄 알고 스스로 목숨을 끊었지요. 티스베도 연인의 죽음을 발견하고 뒤따랐습니다.

그 뒤로 뽕나무는 이들의 안타까운 죽음을 기리며 검붉은 열매를 맺게 되었답니다.

◀ 안타까운 사랑의 속삭임
티스베가 담벼락의 갈라진 틈새로 피라모스와 사랑을 속삭이고 있다.
■ 에드워드 롱, 〈티스베〉

▼ 오디
뽕나무의 열매. 초록빛에서 점점 붉어지다가 다 익으면 검붉은 색이 된다.

[8장]
에우로페와 카드모스의 시련

　　에우로페는 서남아시아 페니키아 땅에 있는 시돈 왕국의 공주입니다.

　　"얘들아, 꽃들이 참 아름답구나."

　　에우로페는 시녀들과 바닷가의 풀밭을 거닐다가 노란 꽃이 피어 있는 곳으로 갔습니다. 가까이에서 소 떼가 한가롭게 풀을 뜯고 있었지요. 시녀가 에우로페를 말렸습니다.

　　"공주님, 소들에게 너무 가까이 가지 마세요."

　　"걱정 마라. 아버지의 소들인데 뭐가 무섭니?"

　　에우로페는 풀밭에 쪼그려 앉아 꽃을 꺾었습니다. 그녀가 일어서려는데 소 한 마리가 그녀 앞에 몸을 눕

했습니다. 초승달 모양의 하얀 뿔이 달리고 온몸에는 눈처럼 새하얀 털이 덮여 있었지요.

"어쩌면 소가 이리도 잘생겼담!"

에우로페는 황소의 뿔을 살며시 어루만졌습니다. 황소가 얌전하게 굴며 기분 좋은 표정을 지었습니다.

"호호, 착하기도 해라."

에우로페는 황소의 등을 어루만지다 그 위에 가만히 앉아 보았습니다. 그러자 황소가 천천히 일어섰습니다. 그녀는 두려워하기는커녕 황소의 뿔을 꽉 잡았습니다. 황소는 천천히 풀밭 위를 거닐었습니다.

황소의 걸음은 에우로페가 느끼지 못할 만큼 조금씩 빨라졌습니다. 황소는 그녀를 태우고 바다를 향해 걸었습니다.

"안 돼, 바다로 들어가는 건 위험해!"

에우로페가 소리쳤지만 황소는 점점 더 깊은 바다로 들어갔습니다. 시녀들이 깜짝 놀라 외쳤습니다.

"공주님, 빨리 나오세요!"

그 순간 황소는 엄청난 속도로 헤엄쳤습니다. 그녀는 금세 바닷가에서 까마득히 멀어졌지요.

"제발 날 육지로 보내 줘! 아버지, 아버지!"

페니키아의 동전

페니키아는 지금의 레바논과 시리아, 이스라엘 북부 해안에 있던 고대 지역이다.
시돈은 티레와 함께 페니키아의 가장 강력한 도시 국가였다. 해상 무역이 발달했는데, 이때 이용한 갤리선을 동전에 새겨 넣었다.

■ 고대 그리스 시대, 동전.

에우로페와 카드모스의 시련 155

에우로페를 납치하는 제우스
황소로 모습을 바꾼 제우스가 에우로페를 등에 태우려는 순간이다.
■ 파올로 베로네세, 〈에우로페의 납치〉

에우로페는 애타게 아버지를 불렀습니다. 하지만 그녀의 외침이 들릴 리 없었습니다. 황소는 이미 바다 한가운데를 헤엄치고 있었으니까요.

그 황소는 바로 제우스였습니다. 제우스가 에우로페에게 반해 그녀를 납치할 기회를 엿보다가 흰 황소로 모습을 바꾼 것이지요.

'너는 크레타 섬을 다스릴 왕을 낳을 몸이다. 게다가 네 이름은 후세에까지 영광스럽게 남을 것이다. 그러니 두려워 마라.'

제우스는 마음속으로 그녀를 위로하며 서쪽을 향해 헤엄쳤습니다.

시돈의 왕 아게노르는 이 소식을 듣고 큰 시름에 잠겼습니다. 그는 자신의 아들 카드모스를 불러 엄명을 내렸습니다.

"세상을 다 뒤져서라도 네 누이를 찾아라. 찾지 못하면 돌아오지 마라."

카드모스는 힘이 세고 무예가 뛰어난 용사입니다.

그런데 아게노르는 딸은 극진히 아끼면서도 아들에게는 차갑게 대했습니다.

'누이가 없으면 나도 무사하지 못할 거야. 어차피 여길 떠나야 해.'

카드모스는 부하들을 이끌고 페니키아를 떠났습니다. 그의 어머니 텔레파사도 따라나섰습니다.

카드모스 일행은 에우로페를 찾아 소아시아를 샅샅이 뒤졌습니다.

"황소가 서쪽으로 갔다던데 그리스까지 간 걸까?"

카드모스는 일행을 이끌고 보스포로스 해협을 건너 그리스 반도로 향했습니다.

에우로페는 그리스 반도 아래에 있는 크레타 섬에 있었습니다. 제우스는 에우로페를 자신이 어린 시절을 보낸 아이가이온 산의 동굴로 데려갔습니다.

그녀는 그곳에서 제우스의 아들을 여러 명 낳았습니다. 그 가운데 미노스는 뒷날 크레타 섬의 왕이 되었습니다. 에우로페는 죽은 뒤에 크레타에서 신처럼 받들어졌지요.

이런 사정을 알 길 없는 카드모스는 먼 길을 걸어 트라키아 땅에 들어섰습니다. 그는 지칠 대로 지쳐 거

에우로페와 유럽

제우스는 에우로페를 태우고 크레타 섬으로 갔다.
유럽(Europe)은 에우로페의 영어 발음으로 그녀의 이름에서 오늘날 유럽 대륙의 이름이 유래되었다.
제우스의 예언대로 그녀의 이름은 후세에까지 길이 남은 셈이다.

지꼴을 하고 있었지요. 그사이, 어머니 텔레파사는 늙고 병들어 세상을 떠났습니다.

'에우로페는 도대체 어디 있단 말이냐. 이제 나는 돌아갈 집도 가족도 없구나!'

카드모스는 자신의 신세를 한탄하며 그리스 반도를 떠돌다 델포이의 아폴론 신전에 이르렀습니다.

'아폴론 신의 신탁을 받아 볼까?'

카드모스는 신전 안으로 들어가 신녀 피티아 앞에 무릎을 꿇었습니다.

"저는 갈 곳 없는 신세입니다. 어디로 가서 살아야 하겠습니까?"

신녀는 아무런 표정 없이 듣고 있다가 입술만 움직여 말했습니다.

"배에 달을 품은 암소가 눕는 곳에 가서 살아라."

"네? 그게 무슨 말씀이신지……."

"나는 신의 뜻을 전할 뿐이니 더는 묻지 마라."

카드모스는 어리둥절한 표정으로 아폴론 신전을 나왔습니다.

'아, 다시 정처 없는 방랑을 해야 하는가.'

카드모스가 힘없이 길을 걷는데 멀리 소 한 마리가

보였습니다. 옆구리에 커다란 무늬가 있는 황갈색 암소였습니다. 그 무늬는 꼭 보름달 같았습니다.

"오, 신탁에서 알려 준 소다. 저 소를 따라가자."

카드모스와 부하들은 암소를 뒤따랐습니다.

암소는 갈 곳을 알고 있는 듯 들을 지나고 고개를 넘었습니다. 암소는 남쪽으로 한참을 가더니 한 벌판에서 우뚝 멈춰 섰습니다. 그러고는 하늘을 향해 큰 울음을 울더니 그 자리에 드러누웠습니다.

"암소가 누웠다! 여기가 바로 우리가 살 곳이다."

카드모스는 주위를 둘러보았습니다. 낮은 언덕과 너른 들이 끝없이 펼쳐져 있었습니다. 들판 가운데로는 강이 흘렀습니다.

"참 아름답고 기름진 땅이로구나. 앞으로 이곳을 보이오티아라고 부르자."

보이오티아란 '소의 땅'이라는 뜻입니다. 카드모스는 병사들에게 명령을 내렸습니다.

"신들께 제사를 지내자. 난 소를 잡을 테니 너희는 물을 길어 와라."

카드모스는 칼을 뽑고, 병사들은 샘을 찾아 가까운 숲으로 들어갔습니다.

보이오티아의 컵

보이오티아는 그리스 중부에 있는 지역이다. 이 지역에서는 문화가 발달하고 테베, 오르코메노스 등의 도시 국가가 번영을 누렸다.

■ 서기전 6세기 무렵, 컵.

에우로페와 카드모스의 시련

병사들은 숲 속의 한 동굴 앞에서 샘을 찾았습니다. 병사들이 항아리에 물을 긷고 있을 때였습니다. 동굴 안에서 귀를 찢을 듯한 괴성과 함께 커다란 뱀이 튀어나왔습니다. 한 병사가 비명을 질렀습니다.

"아앗, 저게 뭐야?"

왕뱀은 비명을 지른 병사에게 순식간에 달려들어 목을 덥석 물었습니다.

"모두 무기를 들어라!"

병사들이 칼과 창을 꺼내 들었습니다. 왕뱀은 한 번 크게 울부짖더니 병사들을 차례로 물어뜯고 똬리를 틀어 숨통을 조였습니다. 눈 깜짝할 새에 모든 병사가 죽임을 당했지요.

카드모스는 병사들의 비명 소리에 방패와 창을 들고 숲으로 달려갔습니다. 그가 도착했을 때 왕뱀은 병사들의 주검을 긴 혀로 핥고 있었습니다.

"저, 저런!"

카드모스는 끔찍한 광경에 온몸을 떨었습니다. 왕뱀이 그를 보더니 혀를 날름거리며 다가왔습니다.

"네놈을 찢어 놓을 테다!"

카드모스는 앞에 놓인 바위를 집어 던졌습니다. 왕

뱀은 날아오는 바위를 꼬리로 쳐 카드모스 쪽으로 되돌려 보냈습니다. 카드모스는 바위를 피해 공중으로 뛰어오르며 긴 창으로 왕뱀의 등을 찔렀습니다.

"크아아악!"

왕뱀이 괴성을 지르며 몸부림쳤습니다. 그 바람에 나무가 부러지고 바위가 이리저리 튀었습니다. 그럴수록 창은 왕뱀의 몸속 깊숙이 박혔지요. 왕뱀이 머리를 돌리며 카드모스를 향해 입을 쩍 벌렸습니다.

왕뱀과 싸우는 카드모스

그리스의 섬 에우보이아에서 발굴되었다. 카드모스가 왕뱀과 싸우는 모습이 새겨져 있다.

■ 서기전 560~550년, 항아리.

그 순간 카드모스가 왕뱀의 입속으로 창을 날렸습니다. 창은 왕뱀의 목구멍 안에 들어가 박혔습니다. 왕뱀이 입을 다물자 창이 배 속으로 파고들었습니다.

"크윽!"

왕뱀이 괴로움을 참을 수 없다는 듯 머리를 치켜들었습니다. 카드모스가 이때를 놓칠세라 왕뱀의 목에 창을 찔렀습니다. 왕뱀은 몸을 비틀다가 마침내 숨을 거두었습니다.

카드모스는 주위를 둘러보며 중얼거렸습니다.

"내 부하들이 모조리 죽었는데 너를 죽인들 무슨 소용이냐. 이 땅에서 나 혼자 어떻게 살까."

카드모스는 뜨거운 눈물을 흘렸습니다.

에우로페와 카드모스의 시련

이 모습을 아테나가 보았습니다. 여신은 카드모스의 용맹에 감탄하면서도 걱정이 되었습니다. 왕뱀이 바로 아레스의 자식이었거든요.

'아레스가 카드모스를 가만두지 않을 텐데······.'

아테나는 울고 있는 카드모스 앞에 모습을 나타냈습니다.

"카드모스여, 그만 눈물을 거둬라. 너에게 부하를 돌려주겠다."

"죽은 병사들을 살려 낼 수 있단 말씀입니까?"

"그건 아니다. 왕뱀의 이빨을 땅에 심으면 용맹한 새 부하들을 얻을 수 있다. 그들이 네 왕국을 세워 줄 것이다."

카드모스는 여신의 말대로 왕뱀의 이빨을 뽑았습니다. 그는 소가 누운 자리로 돌아와 땅을 갈고 이빨을 뿌린 뒤 흙으로 덮었습니다.

카드모스는 홀로 신들에게 제사를 올렸습니다. 그가 절을 하는데 왕뱀의 이빨을 심은 땅이 들썩들썩 움직였습니다.

그러더니 땅속에서 무장한 병사들이 하나둘 솟아올랐습니다. 병사들은 서로를 적으로 알고는 저희끼리 칼을 휘두르며 싸웠습니다.

"당장 싸움을 멈춰라! 명령이다!"

카드모스가 창으로 방패를 두드리며 소리쳤지만 소용이 없었습니다. 싸움은 아테나가 나타난 뒤에야 끝이 났습니다.

"너희들은 모두 동지다! 그만 무기를 버려라!"

여신의 명령에 병사들이 무기를 거두고 땅에 무릎을 꿇었습니다. 살아남은 자는 겨우 다섯이었습니다. 아테나가 안타깝게 주위를 둘러보았습니다.

"너희의 용맹이 너희를 죽였구나. 그래도 남은 이들은 카드모스에게 복종하라."

다섯 병사가 카드모스를 향해 예를 갖추었습니다. 이 다섯 병사가 '씨를 뿌려 나온 남자들'이라는 뜻을 지닌 스파르토이입니다.

카드모스는 스파르토이와 더불어 보이오티아 땅에 마을을 세웠습니다. 그 소식이 널리 알려지자 사람들이 몰려들어 마을은 나날이 커졌지요.

어느 날 카드모스의 마을에 전쟁의 신 아레스가 나타났습니다. 아레스는 두 아들 포보스와 데이모스를 데리고 왔습니다.

씨를 뿌려 나온 스파르토이

스파르토이는 왕뱀의 이빨을 심은 땅에서 나온 자들이다. 페니키아에서 온 이방인 카드모스는 스파르토이의 도움을 받아 새로운 도시 테베를 건설한다.
이아손의 이야기에 등장하는 '왕뱀 이빨'은 카드모스가 사용한 일부를 아테나가 지니고 있던 것으로 전해진다.

에우로페와 카드모스의 시련

뱀의 이빨을 심는 카드모스
카드모스가 땅속에 뱀의 이빨을 심고 있다. 이 이빨에서 병사들이 솟아난다.
1908년 너대니얼 호손의 동화집 《탱글우드 이야기》에 맥스필드 패리시가 그린 그림이다.

"내 자식을 죽인 카드모스는 어디 있느냐?"

카드모스가 스파르토이와 함께 달려왔습니다. 아레스는 카드모스의 머리에 창을 겨누었습니다.

"내게 맞서면 마을을 쑥대밭으로 만들겠다."

이 말에 카드모스는 무기를 버렸습니다. 아레스의 두 아들이 그를 쇠사슬로 묶어 수레에 태웠습니다. 아레스가 그를 끌고 올림포스로 올라갔습니다.

"너는 여덟 해를 내 밑에서 일해야 한다."

아레스는 카드모스에게 온갖 힘한 일을 시켰습니다. 카드모스는 하루 종일 아레스의 무기와 전차를 닦고 말의 먹이를 주었습니다.

마침내 여덟 해가 지나고 카드모스는 자유로운 몸이 되었습니다. 아테나는 그를 제우스에게 데려갔습니다. 제우스가 그를 반기며 축복해 주었습니다.

"너는 드물게도 훌륭한 사람이다. 하르모니아와 결혼해 네가 세운 도시의 왕이 되어라."

에우로페 때문에 큰 시련을 겪은 카드모스에게 제우스가 뒤늦게나마 보상을 내린 것입니다.

올림포스에서 카드모스의 결혼식이 열렸습니다.

여신과 사람의 결혼에 신들이 축하 선물을 들고 모

였습니다.

미의 여신 카리테스 세 자매는 신랑 신부에게 멋진 옷을 입혔습니다. 헤파이스토스는 신부에게 줄 보석 목걸이를, 헤르메스는 신랑에게 줄 키타라를, 데메테르는 신랑의 도시를 위해 곡식을 각각 내놓았습니다.

카드모스와 하르모니아는 결혼식을 마치고 함께 보이오티아 땅으로 내려갔습니다.

카드모스는 그곳을 테베라고 이름 짓고 왕이 되었습니다. 그는 테베를 보이오티아 땅에서 가장 큰 도시 국가로 만들었습니다.

카드모스는 테베를 평화롭게 다스리는 한편, 백성들에게 고향 페니키아의 문자를 가르쳤습니다. 이 문자가 발전해 오늘날의 알파벳이 되었지요.

테베는 평화로웠고, 카드모스 부부도 행복을 누렸습니다. 하지만 그 행복은 늙어서까지 계속되지 않았습니다. 카드모스가 아주 오래 산 것은 오히려 불행이었지요. 자손들의 슬픈 운명을 두루 지켜보아야 했기 때문입니다. 카드모스가 맞은 첫 번째 비극은 딸 세멜레의 슬픈 죽음이었습니다.

하르모니아

아레스와 아프로디테의 딸로 카드모스와 결혼했다.
뒷날 하르모니아와 카드모스는 뱀으로 변했다고 한다. 하르모니아의 몸에 감긴 뱀이 바로 카드모스이다.

■ 에벌린 드 모건, 〈카드모스와 하르모니아〉

페니키아 문자에서 유래된 알파벳

페니키아는 지중해 동쪽 해안에 있던 국가입니다. 페니키아 문자는 이집트의 영향으로 서기전 10세기 무렵에 만들어졌습니다. 소리 나는 대로 적어 누구나 배우기 쉽고 사용하기도 편리해서 다른 지역으로 널리 퍼져 나갔습니다.

페니키아 문자는 페니키아 상인들에 의해 지중해의 여러 나라로 전파되면서 그리스 문자, 로마 문자 등으로 발전했습니다. 페니키아 문자가 영어 알파벳의 조상인 셈이지요.

▲ 페니키아 문자
그리스에서 발견된 것으로 페니키아 문자가 새겨져 있다.
■ 서기전 1세기 무렵, 화병 받침.

▲ 고대 그리스 문자
고대 그리스 문자는 페니키아 문자에서 비롯되어 형태가 매우 비슷하다.
■ 고대 그리스 시대, 항아리.

▼ 알파벳의 변천

페니키아 문자	이름	유래	그리스 문자	로마 문자
∢	알레프	소	Aα	Aa
⊥	자인	무기	Ζζ	Zz
⊗	데트	바퀴	Θθ	
ነ	눈	뱀	Νν	Nn
⧧	사메크	물고기	Ξξ, Χχ	Xx
○	아인	눈	Οο	Oo
W	신	이	Σσ	Ss
⤴	카프	손바닥	Κκ	Kk
⼊	기멜	낙타	Γγ	Cc, Gg
⊲	베트	집	Ββ	Bb

◀ 포도주로 피로를 푸는 농부들
고대 그리스인들에게 한 잔의 포도주는 하루의 피로를 달래는 피로 회복제였을 것이다.
포도주를 처음 만든 바쿠스(그리스의 디오니소스)의 이름을 본떠 피로 회복제의 이름이 만들어졌다.
■ 디에고 벨라스케스, 〈바쿠스의 승리〉

상표에 신화가 살아 있다!

우리가 자주 보는 상표 가운데 그리스 로마 신화에서 나온 말이 무척 많다는 사실을 알고 있나요?

제우스를 비롯해 열두 신이 살던 산 올림포스는 디지털카메라의 상표가 되었습니다. 승리의 여신 니케의 영어식 이름 나이키는 세계적인 스포츠 회사의 상표로 쓰였으며, 아르테미스 여신과 사냥을 함께한 오리온은 제과류의 상표가 되었습니다.

술의 신 디오니소스의 영어식 이름인 바커스는 피로 회복제로, 사랑의 여신 아프로디테의 영어식 이름인 비너스는 여성의 속옷으로 다시 태어났습니다.

그 밖에 여성 화장품의 이름으로도 쓰인 미네르바는 지혜의 여신 아테나의 로마식 이름에서 나온 것입니다.

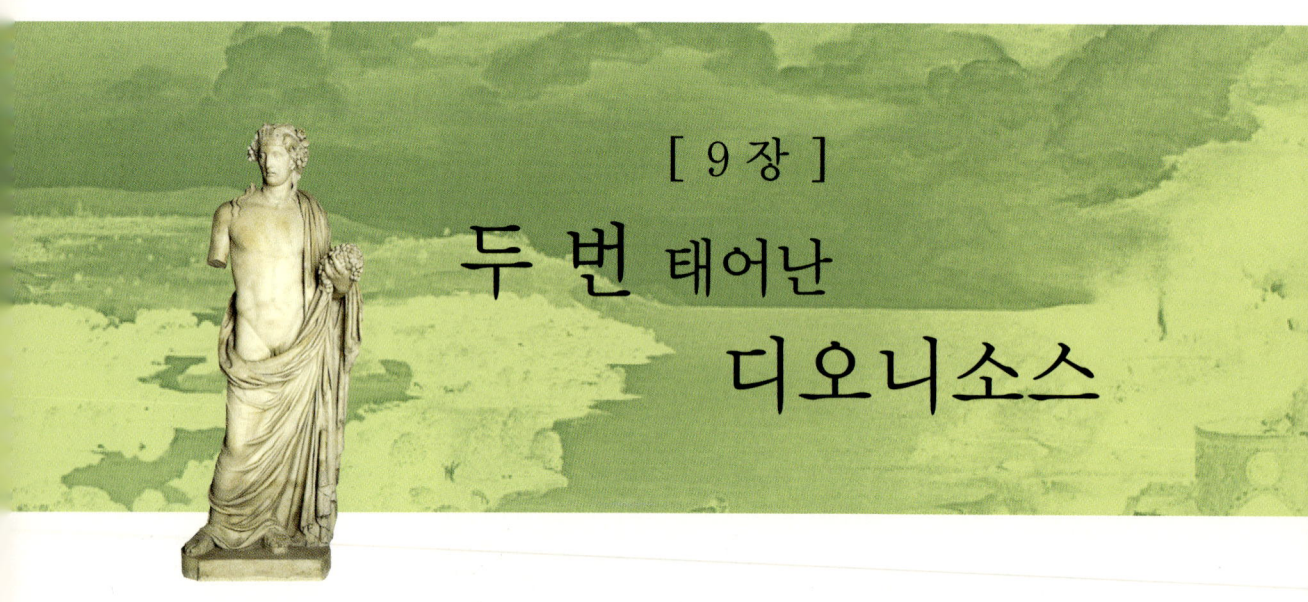

[9장]
두 번 태어난 디오니소스

테베 왕국의 공주 세멜레는 날마다 해 질 무렵이면 산책을 나갔습니다. 그런 어느 날, 한 잘생긴 청년을 만났습니다. 청년은 자신을 남쪽 나라의 왕자라고 소개했습니다. 실은 세멜레의 마음을 얻으려고 모습을 바꾼 제우스였지요.

청년은 날마다 그녀를 찾아왔고, 얼마 뒤에 세멜레는 그의 아이를 임신했습니다.

헤라가 그 사실을 알고 예언의 여신 테미스를 찾아갔습니다.

"세멜레가 낳은 아들이 올림포스에서 당당하게 한 자리를 차지하겠군요."

테미스의 예언은 헤라의 질투심을 부채질했습니다.

헤라는 공작이 끄는 수레에 올라 테베로 내려갔습니다. 여신은 세멜레의 유모인 베로에로 모습을 바꾸고 세멜레를 찾아갔습니다.

"오랜만에 공주님의 말벗이나 될까 하고 왔어요."

헤라는 이런저런 얘기를 하다가 세멜레가 만나는 남자에 대해 물었습니다.

"그분은 어디 사시는 누구신가요?"

"남쪽 나라의 왕자님이야."

"어느 왕국이라고는 말하지 않았지요? 그러니 거짓말일지도 몰라요."

"그렇게 멋진 분이 거짓말을 할 리 없어."

세멜레의 눈빛이 잠깐 흔들렸습니다.

"그분은 훨씬 더 높은 분일지도 몰라요. 제가 멀리서 한 번 뵌 적이 있는데, 그분의 온몸에서 은은하게 빛이 나더군요. 혹시 신이 아닐까요?"

"신? 그렇다면 왜 날 속이셨을까?"

세멜레와 제우스

세멜레는 테베를 건설한 카드모스의 딸로 제우스와의 사이에서 디오니소스를 잉태한다. 세멜레는 제우스의 무릎 위에 누워 있고, 제우스는 번개를 나타내는 후광을 두르고 있다. 화가가 7여 년에 걸쳐 완성한 걸작으로 묘사가 섬세하고 색채가 화려해 마치 오페라를 눈으로 보는 듯하다.

■ 귀스타브 모로, 〈제우스와 세멜레〉

두 번 태어난 디오니소스 175

"공주님을 깜짝 놀라게 해 주려고 그랬겠죠. 본래의 모습을 보여 달라고 하세요. 만약 신이라면 싸움에 나설 때의 모습으로요."

헤라가 돌아간 뒤로 세멜레의 의심과 궁금증은 점점 더 커졌습니다. 그날 밤 세멜레는 제우스를 만나 마음 속 의심을 풀어 놓았습니다.

"제게 한 가지 소원이 있는데 들어주실래요?"

"그게 뭐요?"

"먼저 들어주겠다고 약속하면 말씀드릴게요."

"스틱스의 이름을 걸고 맹세하겠소."

제우스는 무심코 이런 맹세까지 하고 말았습니다.

"혹시 당신이 신이라면 싸움에 나설 때의 모습을 제게 보여 주세요."

제우스는 속으로 깜짝 놀랐습니다.

'이런, 이미 맹세를 했으니 이를 어쩐다?'

제우스의 침묵에 세멜레의 의심은 확신으로 바뀌었습니다.

"역시 제게 뭔가를 숨기셨군요."

"언젠가는 모든 걸 밝히겠소."

"아아, 저는 속았어요. 다시는 오지 마세요."

스틱스의 맹세

스틱스는 지하 세계를 흐르는 스틱스 강의 여신이다. 스틱스 강은 죽은 사람만 건널 수 있어서 '맹세의 강'이라고도 불린다.
스틱스 강물을 사용하거나 스틱스 여신을 걸고 맹세하는 자는 신이라고 할지라도 오직 진실만을 말해야 한다.

제우스는 한숨을 내쉬며 말했습니다.

"휴, 알았소. 다만 내게서 좀 떨어져 주시오."

세멜레가 기대에 부푼 얼굴로 몇 걸음 물러났습니다. 그러자 제우스가 단숨에 모습을 바꾸었습니다. 염소 가죽으로 된 아이기스 갑옷을 입고 두 손에 왕홀과 번개 다발을 나누어 들었지요.

그 순간 세멜레는 번개에 휩싸인 채 눈이 멀고 온몸이 불타는 고통에 사로잡혔습니다.

"아악!"

세멜레는 비명을 지르며 쓰러졌습니다. 사람의 몸으로 제우스의 번개를 견뎌 낼 순 없었지요. 제우스가 황급히 청년으로 돌아왔습니다.

"세멜레! 세멜레!"

제우스가 안타깝게 외치며 까맣게 타 버린 세멜레를 안았습니다. 하지만 그녀의 영혼은 이미 몸을 떠난 뒤였지요.

"내가 어리석었구나. 그런 맹세를 하다니……."

제우스는 때늦은 한탄을 했습니다. 그는 갑자기 무언가 떠오른 듯 세멜레의 배를 더듬었습니다.

"아, 아이의 심장이 아직 뛴다."

디오니소스의 탄생
제우스의 허벅지에서 디오니소스가 나오고 있다.
■ 서기전 4세기 무렵, 항아리.

제우스는 세멜레의 배 속에서 태아를 꺼내고는 자기 허벅지를 찢어 태아를 집어넣었습니다. 그는 슬픔을 안고 올림포스로 돌아갔습니다.

그로부터 석 달 남짓 지났습니다. 제우스는 헤르메스를 시켜 허벅지를 갈라 아이를 꺼냈습니다. 이 아이가 바로 디오니소스입니다.

제우스가 헤르메스에게 명령을 내렸습니다.

"이 아이를 세멜레의 자매인 이노에게 맡겨라."

이노는 테살리아의 왕비입니다.

헤르메스는 이노를 찾아가 포대기에 싼 디오니소스를 그녀 앞에 내려놓았습니다.

"이 아이는 세멜레와 제우스 신의 아들이다."

이노가 깜짝 놀라자 헤르메스는 이노에게 지난 일을 들려주며 당부했습니다.

"헤라 여신에게 들키지 않게 조심해라."

그녀는 디오니소스에게 여자아이 옷을 입혔습니다. 사람들은 그 아이가 이노의 딸인 줄 알았지만 헤라는 속지 않았습니다. 여신은 제우스의 허벅지에서 꺼낸 아이가 사라지자 온 세상을 뒤졌습니다.

여신은 이노에게 딸이 생긴 것을 눈치채고 아이를

목욕시킬 때 몰래 살폈습니다.

'흥, 역시 세멜레의 사내아이였어. 감히 날 속이다니 가만두지 않겠어!'

헤라는 지하 세계로 내려가 복수의 여신들인 에리니에스 세 자매를 만났습니다.

"테살리아의 이노가 감히 날 속였다. 그 여자가 신을 속인 벌을 받게 해 다오."

"어떤 벌을 바라시나요?"

"이노가 땅 위에서 살지 못하게 해라."

에리니에스 자매들은 깊은 밤에 이노를 찾아갔습니다. 둘째 티시포네가 머리에서 뱀을 뽑아 그녀에게 던졌습니다.

"이 뱀이 너를 광기에 사로잡히게 할 것이다."

이튿날부터 이노는 사람들을 모두 짐승으로 착각했습니다. 그녀는 남편을 보고 소리쳤습니다.

"이놈의 사자가 어딜 함부로 들어오느냐?"

이노는 남편에게 창을 휘둘렀습니다. 이번에는 기어 다니는 자신의 아들에게 달려들었습니다. 그녀의 눈엔 아들이 더러운 새끼 멧돼지로 보였습니다.

"널 바닷물에 깨끗하게 씻겨 주마."

이노는 아들을 안고 바닷가 절벽으로 달려가 몸을 던졌습니다.

그 모습을 아프로디테가 보았지요. 여신은 포세이돈에게 이노와 그 아들을 구해 달라고 청했습니다. 아프로디테에게 이노는 테베의 왕 카드모스와 자신의 딸 하르모니아 사이에 태어난 손녀였지요.

포세이돈은 그들을 재빨리 하얀 갈매기 모습의 신으로 만들었습니다. 이때부터 이노는 '순백의 여신'이라는 뜻의 레우코테아로 불렸습니다. 레우코테아는 아들과 함께 바다를 날며 폭풍우 속을 지나는 배들을 안전하게 이끌어 주었습니다.

그 뒤 제우스는 디오니소스를 헤르메스에게 다시 맡겼습니다. 헤르메스는 디오니소스를 안고 멀리 동쪽으로 날아가 인디아 땅의 니사 산에 이르렀습니다. 그곳 요정들은 디오니소스를 맡아 동굴 속에서 키웠습니다.

그 가운데 실레노스라는 남자 요정들도 있었습니다. 그들은 반은 사람이고 반은 짐승의 모습이었으며, 지혜롭고 아는 것이 많아 디오니소스에게 많은 가르침을 주었습니다. 또한 그들은 노는 것을 좋아해서 틈

레우코테아가 된 이노
이노는 바다 여신 레우코테아로 다시 태어났으며 항해하는 사람들을 지켜 주었다고 한다.
■ 장 쥘 알라쇠르, 〈레우코테아〉, 조각.

술 취한 실레노스

실레노스는 사자코에 말 귀와 말 꼬리를 지닌 남자 요정들이다. 주로 수염이 더부룩하고 뚱뚱한 노인으로 표현되었다. 디오니소스의 스승인 실레노스는 철학자로 인정받았지만 자신의 재능을 드러내려고 하지 않았다.

■ 2세기 무렵, 조각.

만 나면 북을 두드리고 풀피리를 불었습니다.

디오니소스는 빠르게 자라나 하루 종일 산속을 헤매고 다녔습니다. 그가 나타나면 동물들이 졸졸 뒤를 따랐지요.

어느 날 디오니소스는 숲에서 보랏빛이 도는 검은 열매를 발견했습니다. 열매를 입에 넣고 깨물었더니 혀끝에서 달고도 새콤한 맛이 감돌았습니다.

'이거 정말 맛있는걸!'

디오니소스는 틈틈이 그 열매를 따서 항아리에 모았습니다. 얼마 뒤에 항아리를 열었더니 열매들이 삭아서 검붉은 즙이 되어 있었습니다.

"이런, 열매가 다 썩었군."

디오니소스는 항아리를 비우려다 우연히 즙을 맛보았습니다. 조금 썼지만 향도 좋고 달콤했지요. 그는 한 모금 한 모금 마시다 항아리의 즙을 다 마셨습니다. 어느새 얼굴이 붉어지고 기분이 좋아졌습니다.

"와아아!"

그는 세상을 다 얻은 듯 신이 나서 크게 소리치며 산속을 뛰어다녔습니다.

그날부터 디오니소스는 검은 열매의 즙을 마셨습니

팀파논을 연주하는 여인

팀파논은 그리스·로마 시대의 북을 말한다. 쇠나 나무 통에 가죽을 씌워 만들었으며, 손바닥으로 두드려 연주했다. 오늘날 오케스트라에서 사용하는 팀파니의 어원이 되었다.
■ 서기전 3세기 무렵, 조각.

다. 실레노스들에게도 즙을 나누어 주고는 그들과 함께 춤을 추며 숲을 누볐지요.

그 열매가 바로 포도이고, 포도를 삭힌 즙은 포도주입니다. 디오니소스는 포도를 재배하고 포도주 담그는 법을 스스로 익혔습니다.

디오니소스는 어느덧 어른이 되어 고향을 찾아가기로 마음먹었습니다. 그는 표범이 끄는 수레에 올랐습니다. 수레는 포도 덩굴이 온통 휘감고 있었지요.

실레노스들과 동물들이 디오니소스를 뒤따랐습니다. 실레노스들은 포도주에 취한 채 덩실덩실 춤추며 요란스레 팀파논을 두드리고 풀피리를 불었습니다.

디오니소스의 행렬은 소아시아의 프리기아 땅을 지났습니다. 그리고 보스포로스 해협을 건너 그리스 땅에 이르렀지요. 그들은 가는 곳마다 사람들의 호기심을 불러일으켰습니다. 처음엔 주저하던 사람들도 행렬에 하나둘 끼어 함께 어울렸습니다.

디오니소스는 사람들에게 포도를 재배하고 포도주 만드는 법을 가르쳤습니다.

디오니소스를 따르는 사람들 중에는 여자와 가난한 이들이 많았습니다. 힘든 일에 시달리던 여자들은 술을 마시고 무척 행복해했습니다. 이렇게 디오니소스를 따르던 여자들을 마이나데스라고 불렀습니다.

남자들은 디오니소스의 행렬과 마이나데스를 비웃었습니다. 그래도 디오니소스를 따르는 이들은 나날이 늘어만 갔습니다.

마침내 디오니소스는 고향 테베에 도착했습니다.

그 무렵 테베는 카드모스 왕이 물러나고 펜테우스가 다스렸습니다. 펜테우스는 세멜레의 자매인 아가베의 아들로 디오니소스의 사촌입니다.

디오니소스가 테베에서 가까운 키타이론 산에서 축제를 열자, 테베 사람들이 그곳으로 몰려들었습니다. 디오니소스의 이모들인 아가베와 아우토노에도 남몰래 디오니소스를 찾았습니다.

"잘 자라 주었군요. 제우스 신의 아들이니 저희의 절을 받으십시오."

두 이모가 디오니소스 앞에 허리를 숙였습니다.

"이모님들, 제 어머니를 뵌 것처럼 기쁩니다."

반면에 펜테우스는 그 축제를 저주했습니다.

"우리는 위대한 전사의 자손이다. 포도주나 마시고 춤이나 추는 건 부끄러운 짓이야. 저들의 우두머리를

포도로 만든 술, 포도주

포도주는 잘 익은 포도의 당분을 발효시켜 만든 술로 와인이라고도 한다. 포도를 따서 그대로 두면 포도 껍질의 천연 효모인 이스트에 의해 발효가 일어난다.
포도주는 인류가 마시기 시작한 최초의 술로, 그리스인들은 포도주 만드는 기술을 일찌감치 익혀 포도주를 여러 나라에 수출했다.

술의 신 디오니소스
머리에 포도송이와 덩굴로 만든 관을 쓰고, 오른손에 술잔을 들고 있다. 어린 사티로스가 뒤에서 포도를 몰래 훔쳐 먹고 있다.
■ 미켈란젤로, 〈디오니소스 조각상〉, 조각.

당장 끌고 오너라."

카드모스가 나서서 펜테우스를 말렸습니다.

"디오니소스는 우리의 자손이자 제우스 신의 아들이다. 우리는 그를 반갑게 맞아야 해."

펜테우스는 카드모스의 충고를 무시하고 병사들에게 디오니소스를 잡아 오게 했습니다.

병사들이 키타이론 산에서 한 청년을 끌고 왔습니다. 펜테우스가 병사들에게 물었습니다.

"이자가 디오니소스냐?"

"그는 다른 곳에 갔다고 합니다. 이자가 축제를 이끌고 있기에 대신 끌고 왔습니다."

펜테우스는 끌려온 남자를 쳐다보았습니다.

"넌 뭐하는 놈이냐?"

"저는 리디아 땅에 사는 아코이테스라고 합니다. 지금은 디오니소스를 따르고 있습니다."

아코이테스는 전혀 두려워하지 않고 느긋하게 대꾸했습니다. 펜테우스가 병사들에게 명령했습니다.

"저자를 옥에 가두고, 디오니소스를 잡아 오너라."

"왕이시여, 제 말씀 좀 들어 보십시오."

아코이테스는 펜테우스가 허락도 하기 전에 이야기

를 시작했습니다.

"저는 뱃사람이었습니다. 키 잡이로 일했지요. 언젠가 디오니소스를 배에 태운 적이 있는데……."

디오니소스 축제

디오니소스와 그를 따르는 사람들이 판 조각상 앞에서 술에 취한 채 춤을 추고 있다.

■ 니콜라 푸생, 〈판 조각 앞의 디오니소스 축제〉

펜테우스는 호기심이 생겼는지 아코이테스의 말에 귀를 기울였습니다.

어느 날 아침, 아코이테스가 일행과 함께 항구에서 배에 짐을 싣는데 한 청년이 다가왔습니다.

"혹시 이 배가 낙소스 섬으로 가면 저를 좀 태워 주십시오. 뱃삯은 넉넉히 드리겠습니다."

뱃사람들이 청년을 훑어보았습니다. 청년은 신분이 꽤 높은 사람 같았고, 손에 든 보따리가 무거워 보였습니다. 뱃사람들은 저희끼리 의논했습니다. 우락부락하게 생긴 털보가 말을 꺼냈습니다.

"저자를 배에 태우자고."

"우리 배는 낙소스 섬으로 가지 않잖아."

다른 남자의 대답에 털보가 눈을 치켜떴습니다.

"미련하긴! 저자의 보따리를 빼앗고 저자를 노예로 팔아 버리는 거야."

털보의 말에 뱃사람들은 금세 뜻이 맞아 고개를 끄덕였습니다. 아코이테스는 생각이 달랐습니다.

'저 청년은 보통 사람이 아니야. 눈빛이 깊고 몸에서 달콤한 향기가 풍겨. 아마도 고귀한 분이거나 신일지도 몰라. 그게 아니더라도 도둑질은 옳지 않아.'

아코이테스는 배에 올라 키를 잡았습니다. 배는 항구를 떠나 거센 바람을 타고 한바다로 나아갔습니다. 아코이테스가 갑자기 낙소스 섬 쪽으로 키를 돌렸습니다. 그러자 뱃사람들이 크게 소리쳤습니다.

"뭐야? 배를 반대로 돌려!"

"낙소스 섬으로 가려면 이쪽이 맞소."

대꾸하는 아코이테스를 뱃사람들이 밀쳐 내고 키를 반대쪽으로 돌렸습니다. 그 순간 뱃전에 앉아 있던 청년이 입을 열었습니다.

"나도 뱃길을 좀 알지요. 키잡이 말이 맞는데 왜 배를 돌립니까?"

"입 닥쳐! 일단 네 보따리부터 이리 내!"

뱃사람들이 청년을 둘러싸고 겁을 주었습니다. 그래도 청년은 조금도 두려워하지 않았습니다.

"이제 보니 이 사람들이 도적들이로군."

청년은 갑판 위에 앉더니 보따리에서 포도주를 꺼내 한 모금씩 천천히 마셨습니다.

그러자 배가 스르르 멈췄습니다. 바람이 거센데도 돛이 저절로 내려와 접히고 갑판 위로 포도 덩굴이 자라나 돛의 기둥을 타고 올랐습니다.

"이, 이게 무슨 일이야?"

뱃사람들은 놀라서 어쩔 줄 몰랐습니다. 그때 청년이 벌떡 일어섰습니다. 어느새 청년은 포도 덩굴이 휘감긴 지팡이를 들고 있었지요.

"나는 제우스 신의 아들 디오니소스다. 너희가 더는 악한 짓을 저지르지 않도록 해 주겠다."

디오니소스가 뱃사람들을 향해 지팡이를 한 차례 휘둘렀습니다. 그러자 그들의 몸이 뒤틀리며 변하기 시작했습니다. 살갗이 거무튀튀해지고 입이 점점 튀어나오는가 하면 손은 지느러미가 되고 다리는 갈라진 꼬리가 되었습니다.

그들은 돌고래가 되어 퍼덕거리며 바다로 뛰어들었습니다. 오직 아코이테스만 모습이 변하지 않았지요.

아코이테스는 이야기를 끝내고 펜테우스에게 말했습니다.

디오니소스와 돌고래

포도주와 물을 섞을 때 쓰는 그릇 칼릭스이다.
돌고래들이 물 위로 튀어오른 순간을 묘사했다. 금방이라도 그림 밖으로 나올 듯하다.
돛대 위로 포도 덩굴이 표현된 것으로 보아 배에 탄 이가 디오니소스임을 알 수 있다.

■ 서기전 6세기 무렵, 킬릭스.

"그때부터 저는 디오니소스를 섬겼습니다. 그분을 따르는 이들은 즐겁고 행복합니다. 부디 왕께서도 그분을 따르십시오."

"헛소리를 잘도 지껄이는구나. 저놈을 쇠사슬에 묶어 굶어 죽을 때까지 옥에 가둬라."

병사들은 아코이테스를 옥에 가두고 옥문 밖에서 지켰습니다. 잠시 뒤에 한 병사가 옥 안을 들여다보더니 깜짝 놀라 소리쳤습니다.

"앗, 그자가 사라졌다!"

그 어디에도 사람이 나간 흔적은 없었습니다.

"사라진 이가 혹 디오니소스가 아닐까?"

병사들의 보고를 받은 펜테우스는 분노했습니다.

"키타이론 산으로 도망친 게 분명하다. 이번엔 내가 직접 가겠다."

펜테우스는 말에 올라 바람처럼 달렸습니다.

날이 어두운데도 숲 속은 타오르는 횃불들로 훤했습니다. 사람들은 술에 취해 노래하며 춤을 추었습니다.

'난장판이 따로 없군.'

펜테우스는 이렇게 생각하면서도 호기심이 일었습니다. 그는 창과 칼을 감추어 두고 수풀에 숨어서 구

술의 양면성

병이 들어 핏기 없는 입술에 검은 얼굴을 한 디오니소스의 모습이다. 술은 사람의 마음을 행복하게 만들기도 하지만 지나치면 건강을 해친다. 머리에는 포도 덩굴이 아닌 담쟁이덩굴을 쓰고 있다.

■ 카라바조, 〈병든 디오니소스〉

경했습니다.

축제를 즐기는 사람들은 모두 행복해 보였습니다. 그 모습이 펜테우스의 화를 더욱 돋우었습니다.

'디오니소스가 내 백성들을 꾀어냈구나. 혹시 테베의 왕을 노리는 것 아냐?'

펜테우스는 분노에 사로잡혀 눈을 부릅떴습니다. 횃불의 불빛이 비쳐 그의 눈이 번뜩였습니다. 그때 한 여자가 그가 있는 쪽을 가리키며 비명을 질렀습니다.

"저기 눈에서 불이 나는 시커먼 짐승이 수풀에 숨어 있어요!"

사람들이 너도나도 몰려들어 돌멩이를 던졌습니다. 펜테우스는 미처 피할 새도 없이 돌멩이에 머리를 맞고 쓰러져 숨을 거두었습니다.

제우스가 올림포스로 디오니소스를 불렀습니다.

"그만하면 너의 재주를 모두 알겠다. 앞으로는 올림포스의 신으로 살도록 해라."

그러자 화로의 여신 헤스티아가 말했습니다.

"저는 늠름한 디오니소스에게 그만 자리를 물려주고 조용히 살고 싶어요."

그 뒤로 디오니소스가 헤스티아를 대신해 올림포스

열두 신의 자리에 올랐습니다.

디오니소스는 지하 세계로 내려가 어머니 세멜레의 영혼을 만났습니다. 그는 어머니와 함께 올림포스로 올라갔습니다. 그 대가로 디오니소스는 하데스의 궁전 앞에 포도주 항아리를 놓아두었지요. 엄격한 하데스도 이를 모른 척해 주었습니다. 세멜레는 올림포스에서 티오네라는 이름의 신이 되었습니다.

디오니소스는 술의 신이면서도 다른 여러 가지 힘을 지녔습니다. 식물의 성장을 도와 풍작을 가져오고 사람들의 자손이 번성하는 것을 도왔습니다. 그는 사람들에게 놀랍고도 즐거운 일을 전해 준 덕분에 후대에도 오랫동안 사랑받으며 숭배되었습니다.

신화 갤러리 9

▲ 디오니소스 축제
사티로스들과 마이나데스가 피리를 불고 팀파논을 흔들며 흥겹게 춤을 추고 있다.
■ 윌리앙 아돌프 부그로, 〈바쿠스의 청년 시대〉

▲ 디오니소스 극장
아크로폴리스 남쪽의 절벽을 깎아 만들었다. 그리스에서 가장 오래되었으며, 인형극 등의 다양한 연극이 공연되었다. 서기전 6세기에 나무로 만들어졌다가 서기전 4세기에 대리석으로 다시 만들었다.

연극을 탄생시킨 디오니소스 축제

디오니소스 축제는 디오니소스를 기리는 여러 축제를 모두 말하며, '바카날리아'라고도 합니다.

고대 그리스 시대에 이 축제의 참가자는 대부분 여자들이었습니다. 그들은 술을 마시고 노래를 부르며 열광적으로 춤을 추었지요. 때로는 짐승을 잡아 피가 흐르는 날고기를 먹기도 했습니다. 시간이 지나면서 남자들도 축제에 참석해 규모가 점점 커졌으며, 나중에 그리스 곳곳에서 열릴 정도로 대단한 인기를 끌었습니다. 축제는 긴 행렬로 시작했는데, 사람들은 포도송이가 든 바구니를 나르고 포도주를 마셨습니다. 가면을 쓰고 연극을 공연하기도 했는데, 여기서 오늘날의 연극이 생겨나게 되었습니다.

두 개의 얼굴을 가진 신, 야누스

조각이나 그림에서 머리가 앞뒤로 붙은 신을 본 적이 있나요? 이 신을 바로 야누스라고 합니다. 미래와 과거의 일을 모두 알고 있다고 여겨져 얼굴이 앞뒤로 표현되었지요.

로마의 신 야누스는 문을 지키는 수호신이었습니다. 문은 입구이자 시작을 나타내므로 로마에서는 야누스를 모든 사물과 계절의 시작을 알리는 신으로 생각했습니다. 영어에서 1월을 뜻하는 재뉴어리(January)는 '야누스의 달'을 뜻하는 라틴어 야누아리우스(Januarius)에서 유래된 말입니다.

오늘날은 겉과 속이 다른 사람, 또는 장점과 단점을 동시에 가진 정책 등을 가리켜 '야누스의 얼굴'이라고 합니다.

▲ **바티칸 궁전의 야누스**
로마의 신 야누스는 문을 지키는 신으로 로마의 신전이나 성문 등에 세워졌다.
■ 고대 로마 시대, 조각.

◀ **과거와 미래를 보는 야누스**
그림의 왼쪽에 야누스 상이 세워져 있다. 앞뒤로 있는 젊은 얼굴과 늙은 얼굴은 과거를 보는 동시에 미래를 내다본다는 뜻이다.
■ 니콜라 푸생, 〈세월이라는 음악의 춤〉

처음으로 만나는 그리스 로마 신화
② 신들의 전성시대

글 김민수
그림 이현세

1판 10쇄 발행일 2020년 9월 25일

편집 민점호, 신달림, 한수화, 김세리, 이미연
디자인 박성준, 이의정, 김지은
컬러링 박초희, 김민정

펴낸이 강경태
펴낸곳 녹색지팡이&프레스(주)
등록번호 제16-3459호
주소 서울시 강남구 테헤란로84길 12 (우)06178
전화 (02) 2192-2200
팩스 (02) 2192-2399
홈페이지 www.betterbooks.co.kr

Illustration Copyright ⓒ 이현세, 2011

ISBN 978-89-94780-13-9 64800
ISBN 978-89-94780-17-7 64800(세트)

이 책의 출판권은 저작권자와 독점 계약한 녹색지팡이&프레스에 있습니다.
저작권법에 의해 보호를 받는 저작물이므로 무단 전재와 무단 복제를 금합니다.

신들의 이름 비교

	그리스	로마	영어	별칭
올림포스 열두 신	제우스	유피테르	주피터	최고의 신
	헤라	유노	주노	결혼과 가정의 여신
	포세이돈	넵투누스	넵튠	바다의 신
	아프로디테	베누스	비너스	사랑과 미의 여신
	데메테르	케레스	세레스	곡식과 농사의 여신
	아테나	미네르바	미네르바	지혜의 여신
	아폴론	아폴로	아폴로	태양·음악·예언의 신
	아르테미스	디아나	다이아나	사냥과 순결의 여신
	헤파이스토스	불카누스	벌컨	불과 대장장이의 신
	아레스	마르스	마스	전쟁의 신
	헤르메스	메르쿠리우스	머큐리	전령의 신
	디오니소스	바쿠스	바커스	술의 신
기타 신	헤스티아	베스타	베스타	화로의 여신
	하데스	플루토	플루토	지하 세계의 신
	에로스	쿠피도	큐피드	사랑의 신
	오케아노스	오케아누스	오션	큰 바다의 신
	헬리오스	솔	선	태양신
	셀레네	루나	문	달의 여신
	에오스	아우로라	오로라	새벽의 여신
	니케	빅토리아	나이키	승리의 여신
	무사	무사	뮤즈	예술의 여신
	가이아	텔루스	어스	대지의 여신
	우라노스	카일루스	유러너스	하늘의 신
	크로노스	사투르누스	새턴	시간의 신

신과 인간의 계보

가이아
우라노스
남
여
★ 올림포스 열두 신
헤카톤케이레스
키클롭스
므네모시네
제우스
테미스
코이오스
포이베
크레이오스
오이아그로스
칼리오페
호라이
에우리디케
오르페우스
아스테리아
레토
제우스
★ 아폴론
★ 아르테미스
아스클레피오스

제우스와 인간 사이의 자식들
제우스
알크메네
헤라클레스
제우스
다나에
페르세우스
제우스
레다
디오스쿠로이
헬레네
제우스
세멜레
★ 디오니소스

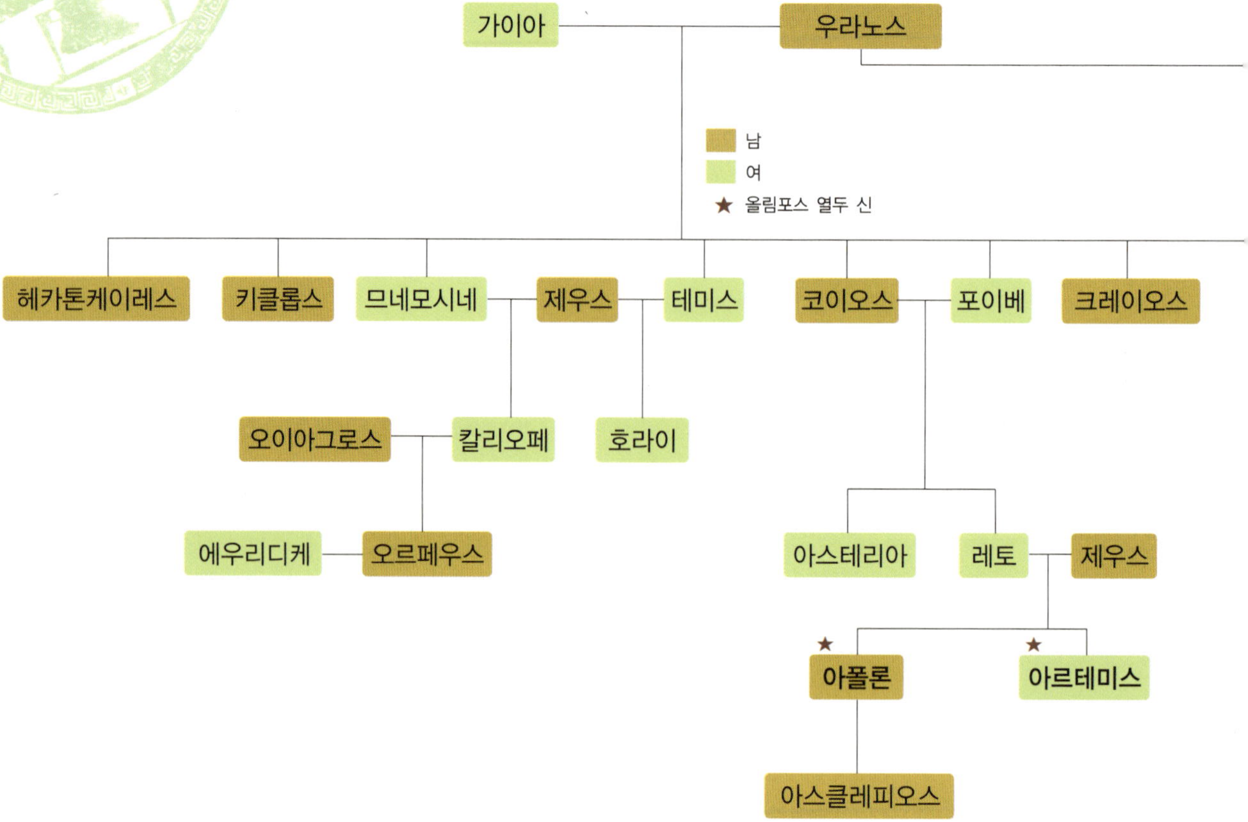

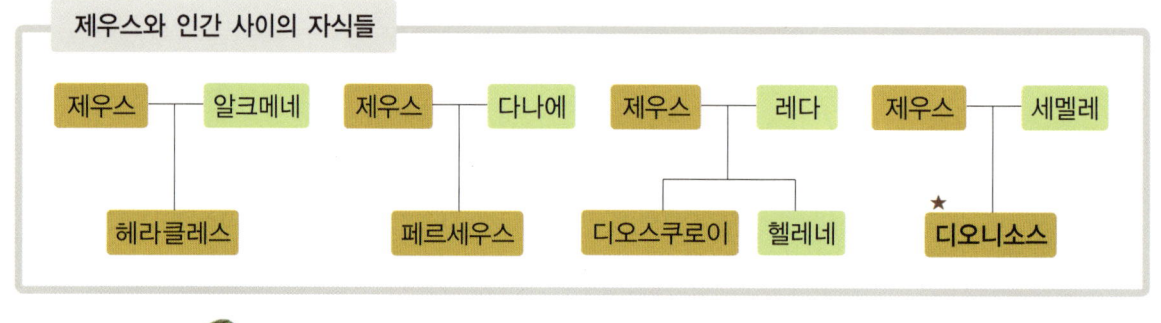

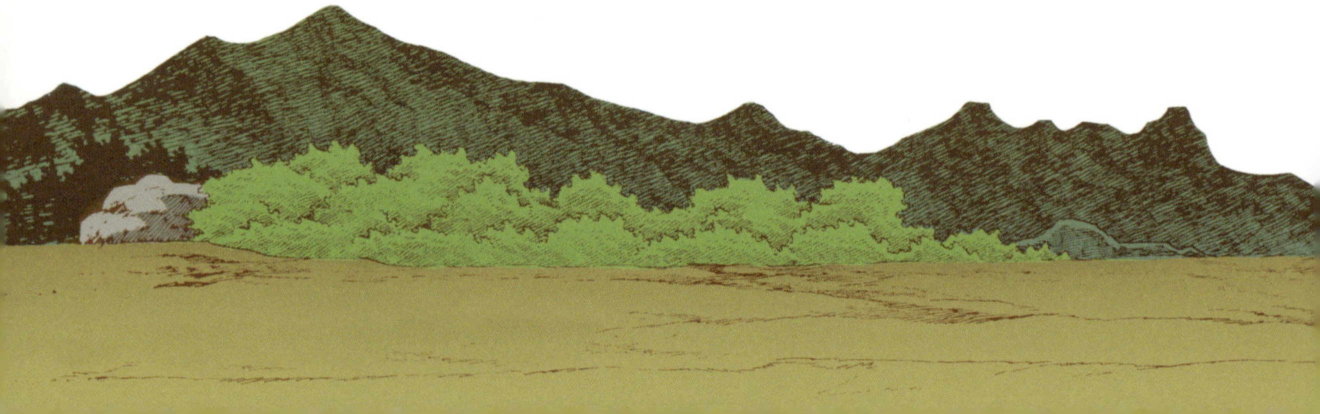

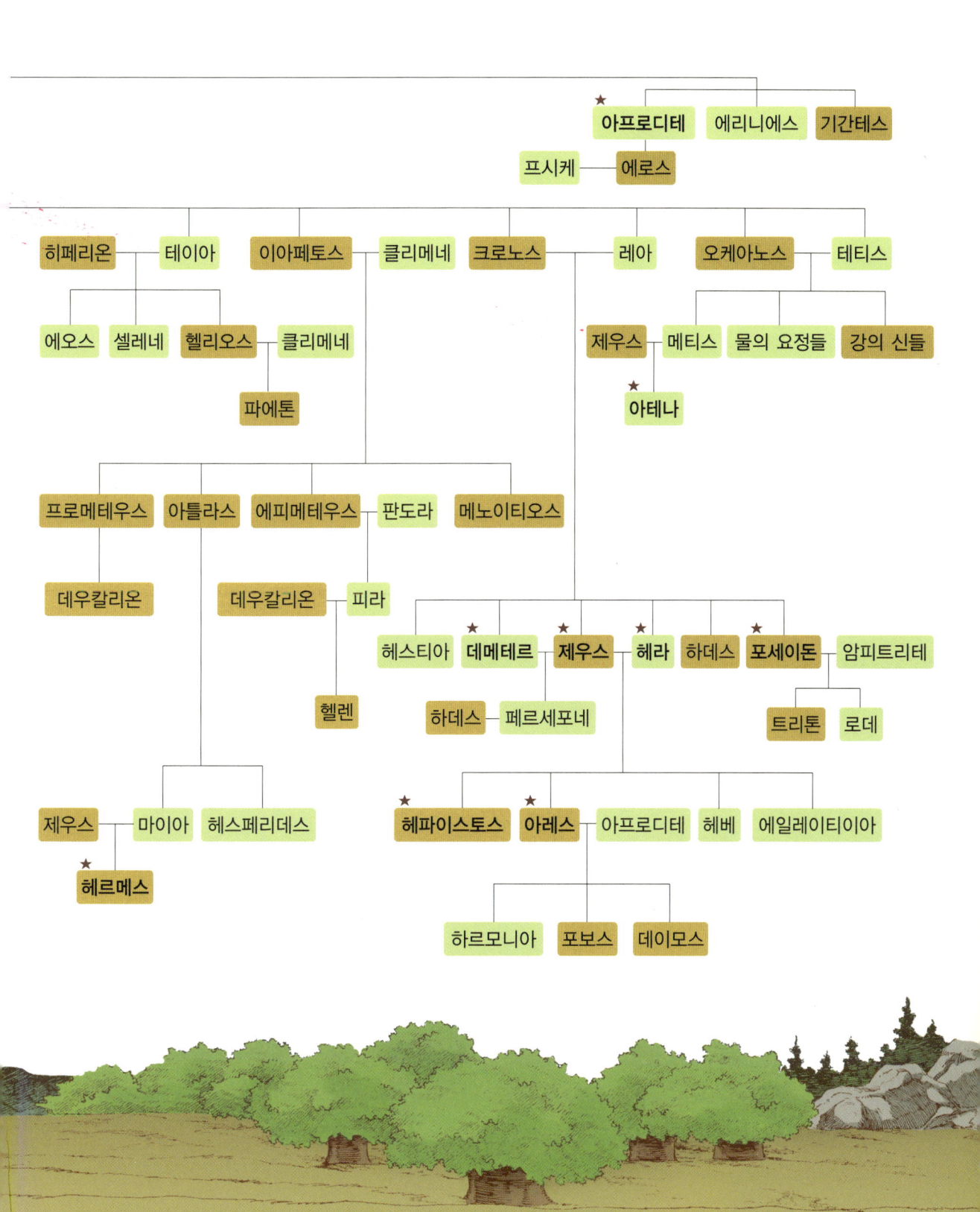